Photographs of the Memory
Tetsuya Yamaguchi

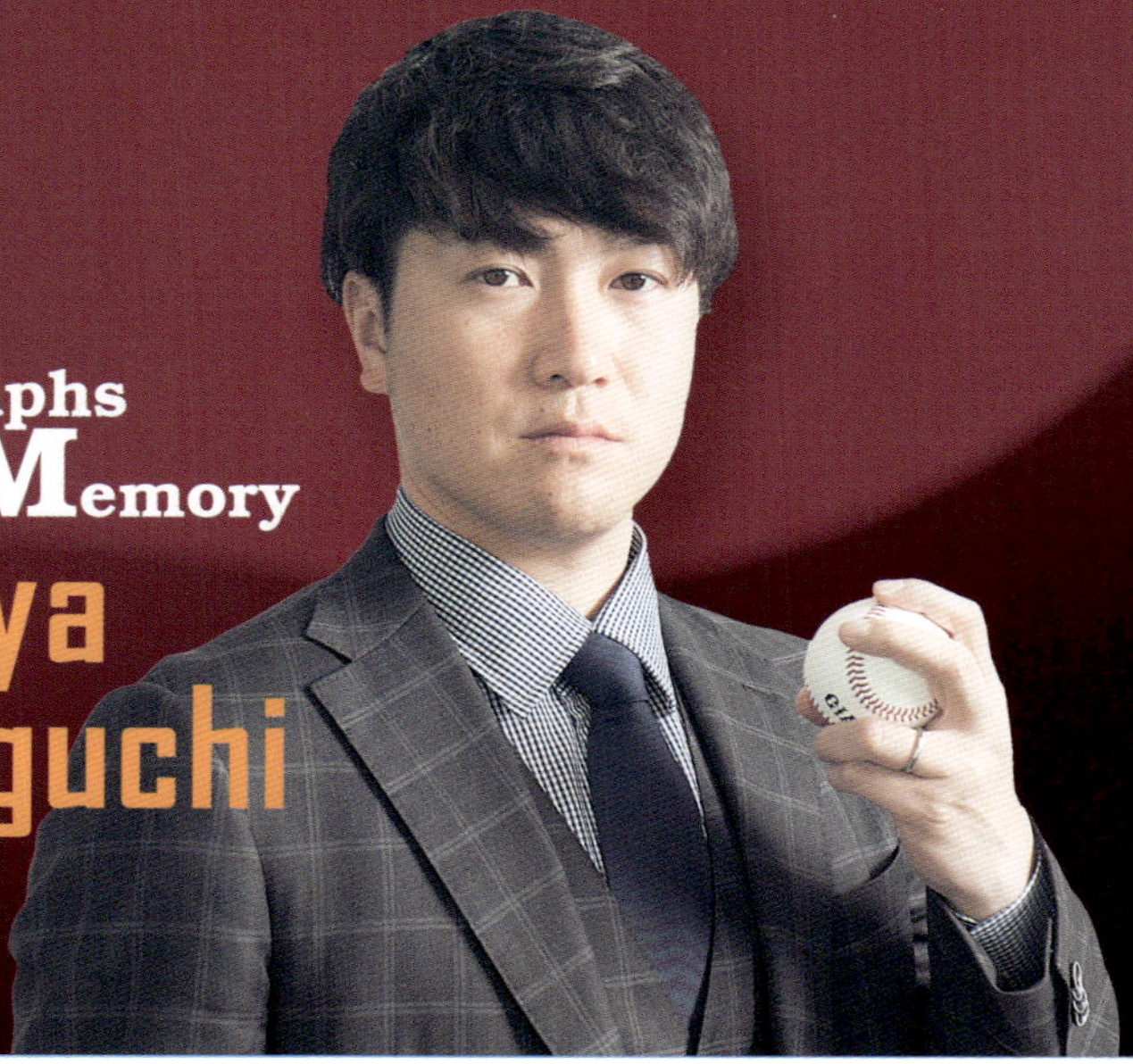

幼稚園のサッカーチームのみんなと。背番号は10番だが、エースではなく、入部順。

幼少期

幼稚園の年長のころ。ジャイアンツファンだった父に買ってもらったYGマークの帽子をかぶっている。縁《えん》があったのだろう。

小学時代

速球派のサウスポーとして、すでに地域では名を知られた存在。投手として頭角を現しつつあった。

4年生のころ。5、6年生が少なく、左打ちも2人しかいなかったこともあって、打線の中軸を任されていた。

地元の地区大会での選手宣誓。何度も繰り返し練習したこのときのセリフは、今でも全文を言えるほど記憶に残っている。

中学時代

3年生のころ。クラブチームも参加する大会で優勝し、全国大会にも進出。中列の左端が著者。

横浜スタジアムで行われた全日本少年軟式野球大会にて。ヒジの痛みもあって、リリーフで2試合に投げたのみ。

高校時代

伝統のブルーのユニフォームを着たY校（横浜商業高校）時代。残念ながら、甲子園出場は最後まで叶《かな》わなかった。

2年生の1月、Y校にて。前列中央が著者。新年の初練習の前に、近くの神社で必勝祈願をすませ、こうした集合写真を撮るのがY校の定例。

3年生終わりの2002年1月、アメリカに渡り、入団テストを受ける前。緊張の中で、現地で最終調整を行う。

アメリカ

アリゾナでのスプリングキャンプのロッカールームにて。左は、のちにメジャーリーガーとなったミゲール・モンテロだ。

渡米した1年目（2002年）、アメリカで所属したミズーラ・オスプレイのホームグラウンド（モンタナ州）でのピッチング。

チームのピッチングスタッフでの集合写真。このカラーは、プラクティス（練習用）ユニフォーム。

2007年5月9日、育成出身として史上初の勝利投手になり、原辰徳《たつのり》監督から祝福を受ける。一軍昇格後、2試合目の登板だった。

ジャイアンツ

2012年の日本シリーズで、ジャイアンツは日本一に。最後を締めて、チームメイトと喜びを爆発させた。

ジャイアンツ時代は「侍ジャパン」にも、たびたび選出。初めて出場したWBC（2009年の第2回大会）では、47番を杉内俊哉《としや》さんがつけ、著者はアメリカ時代の1年目に背負っていた39番で試合に臨んだ。

毎年、シーズン前からの体作りや準備、修正作業を怠《おこた》ることはなかった(写真は、2013年の春季キャンプで投げ込む様子)。

2014年に臨時コーチとしてジャイアンツの宮崎キャンプを訪れた松井秀喜《ひでき》さんとのツーショット。宝物の写真だ。

2014年6月6日、同点の9回から登板。1回⅓をパーフェクトに抑え、史上初の200ホールドを達成。

引退後

現在は、球団が主催する「ジャイアンツアカデミー」のコーチとして、子どもたちに野球の楽しさを教えている。未経験者も多いので、専門用語は使わずに、できるだけわかりやすい指導を心がけている。

Photographs of the Memory
Tetsuya Yamaguchi

アカデミーへ向かう前は、東京・大手町のオフィス街にある球団事務所で勤務。様々なことを吸収しながら、将来を見据《みす》えている……。

MASTERS METHOD

ただジャイアンツのために

非エリートからの栄光&チーム論・8回の抑え方

山口鉄也 著

廣済堂出版

はじめに

２０１８年をもって、僕は現役生活にピリオドを打った。05年に、他球団のテストに落ちていた自分を、育成枠とはいえドラフトで指名し、日本のプロ野球界の一員に加えてくれたジャイアンツには感謝しかない。

９年連続60試合登板、開幕から24試合連続無失点、最多ホールドなど、築くことのできたいくつかの記録も、僕個人のものだとはまったく考えていない。いかにジャイアンツのために尽くし、投げ続けたのかをあらわす数字だとすれば、本当に名誉なことだと思う。

「中継ぎで長いあいだ、これだけ多く投げたピッチャーはいない」

スポーツメディアから、そんな心配をしてくれる声も聞いたことがある。

でも、僕がマウンドで最高のパフォーマンスを見せるために、体のケアをしてくれるスタッフ、貴重なアドバイスをしてくれるコーチやチームメイト、ピンチになると声をからして励《はげ》ましのエールを送ってくれる大勢のファンなど、周囲には支えてくれる人がいっぱいいる。だから、僕は自分で限界を決めてはいけないと思っていた。

おもに８回を任されるセットアッパーとして起用されたのも、チームからの信頼の証《あかし》だと意気に感じていた。肉体的な疲労感はあったが、相手打者をなんとか打ち取り、後ろのピッチャーへうまく引き継げたときは、全身が心地《ここち》よい達成感に包まれた。それだけに、現役の終盤は故障が重なり、チームに貢献できなかったのが、本当に残念でならない。

「どうすれば、育成選手から一軍で活躍できるようになるんですか？」

メディアの方からこんな質問もよく受けたが、それに対する絶対的な答えは思い浮かばないのが正直なところ。

打者を圧倒する剛速球を投げられるわけでもなく、これといって特徴的な変化球を持っているわけでもなかった自分のことを振り返って、なにかやってきたことを言えるとすれば、わからないことや、壁にぶつかったときに、「どうすればいいんですか？」「どんな練習をやってるんですか？」と素直に聞けたことだ。エリート選手の多いジャイアンツの中で、失うものはなにもない育成選手という気楽な立場ゆえにできたことかもしれないが、悩んだとき、壁に当たったときは、先輩やコーチにどんどん教えを請《こ》うことを厭《いと》わなかった。それがたまたまうまくマッチして、前に進んでいけたのだと思う。

本書は、そうやって、非エリートながらもなんとかジャイアンツで13年間もユニフォームを着続けられた僕の野球人生を振り返り、投球術なども語らせてもらった一冊だ。

まず第1章では、故障が続き、一軍から離れてリハビリトレーニングを行っていた17年から18年のシーズンのことをお話しする。体の痛み、苦悩……引退を決意するに至るまでの様々な思い、葛藤《かっとう》を打ち明けさせてもらった。

第2章は、野球を始めた幼少期から、中学、高校、アメリカのルーキーリーグを経て、ジャイアンツにテスト入団するまでの経緯。練習嫌いだった僕が、少しずつ成長していき、やっと、やる気のスイッチが入った時代の話だ。

続く第3章は、ジャイアンツの一員となって、育成からの支配下登録、一軍昇格、セットアッパーとして起用され続けていたころの僕の軌跡。少しだけだが、先発やクローザーを任されていた時期もあり、そのときの内幕にも触れた。また、2回出場させてもらった国際大会WBC（ワールド・ベースボール・クラシック）の裏話などもある。様々な記録や栄光を勝ち取ることができた時代だったのだが、次第に故障の影が忍び寄ってきていた……。

そして第4章は、先発投手とクローザーのあいだを担《にな》う役回りのセットアッパー論。それもとくに、僕の持ち場だった「8回」のピッチングを中心とした話をさせていただいた。終盤の勝負どころである「8回」というイニングの意味合い、そして、その回を抑えるための投球術、メンタル論など、プロのスキルや駆け引きもお伝えする。

第5章は、良き仲間でありライバルでもあったジャイアンツの素晴らしいチームメイトについて。他章でも仲間に関するエピソードを述べてはいるが、ここでは、より深い話をさせてもらった。グラウンド内外での秘話も綴《つづ》っている。

最後の第6章では、僕の、ジャイアンツの、そして野球界の未来への夢や展望などを語らせていただいた。今、僕が携《たずさ》わっている仕事の内容も詳しく書き記そうと思う。

こうして改めて振り返ってみても、野球に対して弱気でネガティブで怠《なま》け者の自分が、これまでやってこられたのが不思議で仕方がない。

ただ、良かったときも悪かったときも、変わらなかったのは、ジャイアンツを愛する気持ち、「ただジャイアンツのために」という強い思いだ。

僕は、育成選手として拾われ、ひたすらチームのために投げ続けてきた。また、セットアッパーとして、何年間も働くことができた。本書で綴らせてもらった「ジャイアンツ愛」、そして「8回論」などは、そんな自分だから語れるものとも思っている。

また、本書のところどころに、僕が野球人生の中で培《つちか》った思考法やメンタル術、そして、個人とチーム（組織）のあり方などを記している。これらは、もしかしたら、読者の方の日常生活の中で役立つヒントになるかもしれない。ジャイアンツという集団を、みなさんが所属している組織や会社に置き換えてみると、より実感いただけるように思う。

ジャイアンツに捧《ささ》げた僕の生き方から、なにかを感じてもらえれば幸いだ。

山口鉄也

ただジャイアンツのために　目次

第2章 ジャイアンツへの導き～幼少期から、海外挑戦、入団まで～……43

第3章 苦闘と栄光～巨人の最底辺から、胴上げ投手、日本記録へ～……111

第1章

引退決断の裏側

～巨人の選手ではなくなるとき～

そのとき、「引退」を決めた

2018年9月13日、僕は宮城県仙台市のウェルファムフーズ森林どりスタジアム泉にいた。この日、読売ジャイアンツ二軍と東北楽天ゴールデンイーグルス二軍のイースタン・リーグ公式戦が行われたのだが、二軍調整中だった僕は若手選手と一緒に、9月11日からのこの遠征に参加していた。

二軍戦は、おもにデーゲームで行われる。この13日も午後1時の試合開始に備え、ベッドのアラームは午前7時台。早起きして、二軍選手たちと一緒に球場に向かった。

11月の誕生日で35歳になろうかというベテランが、早朝に起床することに慣れてしまうのは情けない限りだが、このころの僕はすっかり朝型の人間になっていた。

一軍に加わっていた17年途中までは、深夜零時を過ぎても起きているのが当たり前だった。一軍では午後6時開始のナイトゲームが終わるのが、だいたい夜の10時ごろ。そこから翌日に備えて軽く汗を流し、シャワーを浴びて、それから、内海《うつみ》哲也さん（現埼玉西武ライオンズ）、長野《ちょうの》久義（現広島東洋カープ）、坂本勇人《はやと》ら、そして、ブルペンの仲間たちと一緒に食事に出かけていた。「朝まで飲み明かす」なんてことはしなかったが、気心の知れた仲間たちとテーブルを囲めば、ごく自然と野球の話になり、技術的なこと、先輩や後輩たちの経験談、対戦チームの状況などを語り合っていると、時間がたつのを忘れてしまう。でも、そんな夜型の生活サイクルが一軍戦力の証《あかし》でもあった。

僕は、05年オフのドラフトの際に育成枠でジャイアンツに指名してもらい、07年4月23日に支配下登録された。翌08年から16年シーズンまでは9年連続で60試合以上に投げてきた。自分なりに頑張ってきたつもりだったが、16年は打ち込まれることが増え、17年は左肩の故障や不振を繰り返して二軍暮らしが続き、連続60試合登板も途切れていた。

先に結果を言うと、18年はついに一軍マウンドを一度も踏むことができなかった。

でも、この9月13日の試合前の時点での僕は、このあと必ず一軍に復帰し、順位争いの激しくなるシーズン終盤、そして、クライマックスシリーズ（CS）で登板し、チームに貢献してみせるという強い決意を持っていた。

18年の長い二軍暮らしのあいだ、

「ペナントレースの終盤戦には投げてもらうからな」

「いつまで二軍にいるつもりなんだ？　早く（一軍に）上がってこい」

などと、叱咤激励《しったげきれい》してくれるチーム関係者もいた。故障を心配してくださる気持ちも十分に伝わっていた。神奈川県川崎市のジャイアンツ球場にいても、「終盤戦、クライマックスシリーズは頼んだぞ！」と、ファンから温かい声援をかけていただいていた。

僕自身も、本当にそのつもりでいた。

ケガで前半戦を棒に振った分、終盤戦はたとえワンポイントであろうと、全力で投げ続けるつもりでいた。まして、前シーズンの17年、チームは4位と、11年ぶりのBクラスに沈んでいる。クライマックスシリーズが導入された11年以降、そこにコマを進められなかったのは初めてのことであり、「今年こそは」という雪辱《せつじょく》の思いは僕も強く持っていた。なのに、故障で大きく出遅れてしまい、高橋由伸《よしのぶ》監督にも本当に申し訳なさでいっぱいだった。ようやく肩の痛みも癒《い》え、「さあ、これから」と意気込んでいたのが、この18年9月13日だった。

前日の9月12日、僕はリリーフで1イニングを投げている。二軍戦ではあるが、慣れ親しんだ「8回のマウンド」だった。9回に登板するクローザーに託《たく》す場面を任せてくれた川相昌弘《かわいまさひろ》二軍監督（当時）のご配慮にもこたえたいと思って、目一杯、腕を振った。

走者を1人出してしまったが、点は与えなかった。いける。気分良く、マウンドをおりることができた。

ところが、である。翌13日、ウォーミングアップ、ランニングを終え、キャッチボールを始めた瞬間、左肩に激痛が走ったのだ。

「ヤバい……」

思わず、声に出してしまった。

ここ数日のあいだ、前兆は、まったくなかった。実際に前日は投げられている。ただ、復活を誓ったはずのこの18年だけでも、左肩の痛みが出たのは4度目だった。振り返れば、18年の1回目の故障のあと、治療してなんとか痛みが和《やわ》らぎ、リハビリ、練習を経て、実戦に戻って「よし、いけるぞ」というときに再発。もう一度、治療、リハビリ、練習。そして、実戦に戻ったと思ったら、またも痛みが出て……。そんな負のループを繰り返していた。

（でも、まあ、この1球だけだろう）

この13日に激痛が走ったときも、そう自分に言い聞かせ、ちょっと投げ方を変えてみる。体重移動のタイミングや力加減、腕を振る角度などを試し、痛みを発しない投げ方を探った。でも、どうやっても、投げる瞬間にズキンとくる。それでも、思いつく限り、痛くない形を模索。最初は近距離だったキャッチボールのパートナーを少しずつ離していく。

「あっ、無理だ」

あるところまでいくと左肩が痛みに耐えきれなくなり、思わず声に出してしまった。

キャッチボールを中断し、同行していたトレーナーのもとに向かう。応急措置をしてもらい、この13日の登板はナシということになった。

悔しかった。左肩の痛みは投げるときにだけ襲ってきて、ランニングやウォーミングアップで左腕を動かしているときはまったく生じないのだ。ほかの練習はすべてできるので、本当に悔しかった。

帰京後、球団のかかりつけの病院に向かい、精密検査をしてもらった。MRI検査を受けた結果、肉離れと診断された。

18年に入ってからの3回の左肩痛も肉離れによるものだったが、どういうわけか、故障個所が毎回違った。今度は脇の下のあたりを痛めているという。

医師の診断は、「炎症がおさまるのを待つしかない」というものだった。これといった治療法はない。回復を早めるため、エコー治療も受け続けた。「もう、そろそろ大丈夫かな」と思って投球練習を再開すると、また痛くなる。だいぶ和らいできたかなと思っても、翌日はまた痛くなってリハビリもままならないなど、一進一退を繰り返していた。

ここ2、3年、チームに貢献できず迷惑をかけてしまった分を取り返すため、早く一軍マウンドに戻るんだという強い気持ちで自分をずっと奮い立たせてきたが、故障、リハビリを繰り返しているあいだは、1人で考える時間も多くなってしまっていた。そして、この18年シーズンの中で、4度目のリハビリに突入した。

「もう、限界かな……」

そんな弱気が、次第に膨《ふく》れ上がってくる。とはいえ、その後しばらくはリハビリを続けながら、下半身強化や左腕に負荷をかけない練習を真面目《まじめ》にこなしていた。

でも、どうしても気力が湧《わ》いてこなかった。

親しいチームメイト、知人、恩師たちにもメールで、その心境を伝えた。

「まだできる」

「やめるな」

「驚いている。落ち着いてもう一度、考え直せ」

そんなメッセージが返ってきたが、前向きな気持ちにはなれなかった。

引退。

その2文字が脳裏に浮かんでは消える。

そして、復活のために長い時間を与えてくださったチームにもこれ以上、甘えることはできないと思い、ユニフォームを脱ぐことを決心した。

後日、そのことをチームメイトにメールで伝えた。まだシーズン中であり、彼らはクライマックスシリーズ進出をかけ、1つも落とせない厳しい戦いを続けていたので、「内緒にしてほしい」と書き加えた。それから、球団に引退を決意したことを伝えた。

励《はげ》ましの言葉もいただいたが、こちらの決心が固いとわかってくださったのだろう。球団側の言葉は労《ねぎら》いに変わった。最後の2、3年はなかなかチームに貢献できなかった僕に、温かい言葉をかけてくださり、感謝の気持ちしかなかった。

達成感のない練習の日々

こうして、僕は引退を決意したのだが、18年、二軍でリハビリを続けていたときのことを、時間をさかのぼって、もう少しお話ししたい。長いあいだ故障に苛《さいな》まれた僕やほかの選手たちの深い苦悩の実態のほか、そうした故障者に対するジャイアンツのサポート体制のありがたさを、みなさんに少しでも知ってほしいからだ。

春季キャンプから二軍スタートとなったことは悔しいが、これは仕方のないこと。前年から左肩が万全でない以上、どうしようもなかったのだ。ただ、二軍でのリハビリの期間中、改めて「この世界は、一軍でやることに意味があるんだ」と痛感した。

二軍のジャイアンツ球場で若い選手たちとともに練習を開始する。最初のランニングやウォーミングアップなどは一緒に行うが、キャッチボールが始まるのと同時に僕だけがグラウンドから離れ、そこから別メニューのリハビリトレーニングとなる。

1人でいることが多かったため、考える時間も十分すぎるほどあった。マイナスの気持ちになり、何度も折れそうになった。左肩に痛みを抱えているせいで思うような練習もできず、もう、本当にこのまま自分の野球人生が終わってしまうのではないかと不安になった。そのとき、「泣き言は言っていられない」と思えたのは、内海哲也さんのおかげだ（内海さんに大変お世話になった話は、のちに138ページなどで詳しくお伝えしたい）。当時、内海さんも調整が遅れていて、一軍登録から外されていた。その実績十分の大ベテランの内海さんが、文句1つ言わずに、黙々と練習に打ち込んでいたのだ。その背中を見ていたら、愚痴《ぐち》をこぼすのも申し訳ない気持ちになった。

同じく、大先輩の杉内俊哉《としや》さん（現巨人ファーム投手コーチ）の姿も励みになった。杉内さんは15年10月に股関節《こかんせつ》の手術を受け、長く登板の機会がなかった。リハビリも長期に及び、手術した箇所が股関節ともなれば、できる練習も限られ、本当に悶々《もんもん》としたつらい日々を送ってきたはずだ。

自分も経験してわかったのだが、リハビリ期間中、なにがつらいかと言うと、思うように体を動かせないことだ。リハビリの練習メニューは、チューブ運動やエアロバイクマシンなどの限られたものとなる。投球練習やノック、実戦形式の練習とは異なり、リハビリは課されたメニューをすべて消化しても、達成感というか、心地《ここち》よい疲労感がまるでない。また、トレーニングとしての作業も地味だ。コツコツと積み上げることが大切なのはわかっているつもりだったが、集中力が持続しないときもあった。

だから、リハビリをやっていても、前に進めているのかどうか実感がない。「本当に、これで大丈夫なのか？　一軍に復帰できるのか？」と不安になってしまう。裏方のトレーナーさんが僕たちのことを思って作成してくれた練習メニューであることはもちろん理解はしていた。それでも、達成感のなさと、1人でいる時間の長さがマイナス思考を呼び、不安になってしまうのだ。なのに、杉内さんは約3年間、また一軍マウンドに戻ってチームに貢献することを目指して頑張っていた。杉内さんも結局、僕と同じく18年シーズンで引退されたわけだが、内海さんと同様に、愚痴1つこぼさずメニューをこなしていた。

僕はそんな先輩たちの姿を見ていなかったら、リハビリを投げ出していたはずだ。故障した選手たちに、ジャイアンツという球団は様々なサポートをし、時間を与えてくれた。復帰するまで待ってくれた。そのことだけでも、僕は申し訳ない気持ちでいっぱいだった。また、リハビリや二軍調整の期間はマイナス思考になることもあったが、自分自身を顧《かえり》みることもできた。

故障しているあいだ、僕に対する憶測《おくそく》もメディアが伝えていた。

「これは、違う！」と、声を大にして言いたかったのは、故障の原因を勤続疲労によるものとする見方に対してだった。

08年から16年までの9年連続60試合登板。僕自身、プロ野球組織の最底辺の育成選手から這《は》い上がり、よくぞここまでやってこられたと自負する部分もある。

でも、僕は厳しい練習から逃げ出したいと思う弱い人間だった。そんな僕を一人前に育ててくれたのはジャイアンツだった。１５０キロ以上の剛速球もないのに一軍で投げ続けることができたのはキャッチャーの阿部慎之助さんをはじめ、4年ぶりに19年から改めて指揮官となった原辰徳《たつのり》監督、18年で退任された高橋由伸前監督、歴代投手コーチなど首脳陣の方々、チームメイト、そして温かい声援を送ってくださったファンのおかげだ。

故障の原因は、様々だ。30歳を過ぎて、年齢を重ねるとともに、筋肉の柔軟性は落ちていき、ひと晩、ぐっすり眠れば取れていた疲れも、翌朝に残るようになった。登板に向けて万全の準備ができていると思っていても、実際には体が追いついていないときもあった。こうしたことを反省し、オフに入って、また次の年のシーズンに向けて準備を始めるのだが、年齢のせいもあってか、そうした自分の中にある肉体のイメージと実際の感覚にズレが生じ、17年や18年のケガとなってあらわれたのだろう。つまり、勤続疲労ではなく、自分自身の体調の問題だったのだと思っている。

左肩の痛みから解放された瞬間

リハビリ期間中に限らず、回復を見せていたときでも二軍にずっといた18年は、家庭の中には野球の話を持ち込まないようにしてきた。家族と夕食を摂《と》る時間帯に、ジャイアンツ戦をやっていればテレビ中継は流していたものの、ずっと集中して見入るわけではない。ただ、テレビをつけっぱなしにしていて、チームメイトが活躍し、得点のチャンスが来たときだけ気にして見るという感じだった。

故障していなければ、ナイトゲームの時間帯に家にいることなどない。でも、故障を抱えたこの時期は、夜、家で子どもと遊ぶこともあった。ただやはり、早く一軍に復帰したいと思っていた。

そういった心境で家にいると、どうしても気になってしまうのが、試合終盤、リリーフ投手が投入される7回、8回、9回の場面だった。

「次は誰が行くのかな……」

そんなことを考えてしまう。とくに8回は自分がおもに働いていた場面だから、いろいろなことが脳裏をよぎってしまうのだ。

故障前で一軍にいたころの僕は、先発投手や僕の前に投げるリリーフ投手からマウンドを受け継ぎ、おもに8回に登板。そして、試合の最後の9回を締めくくるクローザーにつなぐセットアッパーを仕事としていた。球場のブルペンに設置されたテレビモニターで試合展開を見て、「そろそろ、自分の番かな」と思ったら、登板のための本格的な準備に入る。こういうときの本音は、「できれば投げたくないなあ」だった。僕は元来、野球に対して弱気でネガティブな人間だからだ。

それでも、マウンドに上がったら、阿部さんのミットを目がけ、思いきり腕を振るだけ。故障と戦っていたときの僕は、そんな緊張感の連続だった日々を思い出し、自宅で試合終盤のテレビ中継を見ていたのだった。

時折、自宅が近いということもあって、内海さんや杉内さん、脇谷亮太《わきやりょうた》さん（現巨人スカウト）が食事に誘ってくださった。元気なころであれば、野球のことで技術的なアドバイスをいただくこともあるが、二軍調整中はあえてそんな話はしなかった。

内海さんたちとは、たわいもないおしゃべりに興《きょう》じていた。リハビリトレーニングで1人になる時間が長かったため、先輩たちとの食事が唯一の気晴らしにもなった。かといって、内海さんたちは羽目《はめ》を外すようなことは絶対にしないので、食事をし、ほんの少しだけお酒を飲んだら、あとは解散。そんな感じだった。

そして、18年9月の宮城遠征中に4度目の肩の故障を発症し、その後、引退を決断。最初に報告したのは妻と家族だった。

「十分すぎるほど楽しませてもらったよ。ありがとう。お疲れさまでした」

と、労いの言葉をもらった。

そして、13年間、公私にわたってお世話になった内海さんやチームメイトにも報告をした。内海さんは真剣な表情で僕の話を聞いてくださり、

「えっ、マジ？」

と、何度も聞き返してくれた。

「早まるな」とは言われなかった。内海さんは僕を1人のプロフェッショナルとして見てくださり、男が一度決断したことだからと重く受け止めていただいた。

内海さんはドラフト1位入団で、僕は底辺の育成枠からスタートした。育成選手時代や二軍時代はなかなか接点がなかったが、分け隔《へだ》てなく、誰にでも優しく声をかけてくださる先輩だった。僕のこともいろいろと気にかけてくださり、シーズン中もよく食事に誘っていただいた。いちばん長いお付き合いとなり、その信頼する先輩の「マジ？」と何度も聞き返す言葉が、温かく感じられた。

また、引退を決めてしまうと、肩の痛みについても不思議な感情が芽生えてきた。二軍

で調整していたときは、「たとえ痛くても、ジャイアンツのために尽くしたい。投げ続けたい」と思っていた。当然、思うように腕が振れないジレンマのようなものもあった。

でも、やめると決めてからというもの、解放感とまではいかないが、「もう、肩の痛みを心配しなくてもいいんだ」という安堵《あんど》の気持ちが湧《わ》いてきた。

プロ野球の世界に生きる者は、大きく分けて2通りのやめ方があると思う。1つは自分の意志とは違い、球団から戦力外通告を受け、志《こころざし》なかばでやめなければならない選手。もう1つは、自分自身で引退を決めた選手だ。僕には「育成からここまで引き上げてくださったチームにもっと恩返しがしたい」という気持ちも強く残っていた。でも、自分自身で引退を決められたのは、ある意味で幸せな野球人生だったと思っている。

引退セレモニー直後に湧いた、ある未練

前述のように、引退を決意したあと、そのことをいちばんに伝えたのは家族だった。「引退するよ」と打ち明けたら、5歳になる息子が泣いた。

「どうして泣くの?」

と聞くと、

「(野球をしているパパが)カッコいいから」

と答えた。間髪入れず、カッコいいと言ってもらったときは、プロ野球の世界は本当にすごいと思った。僕のような育成枠からスタートした選手を、光り輝くステージに連れていってくれたことにも改めて感謝した。そして、プロ野球の世界はこれからも少年たちの憧《あこが》れであってほしいと思った。

僕は、18年10月5日に東京ドームホテルで引退会見を開いた。

球団旗をバックに、会見の場を設けてくださっただけでも感謝に堪《た》えないのに、杉内俊哉さん、村田修一さん(現巨人ファーム打撃兼内野守備コーチ)、内海哲也さん、そして、長野久義、坂本勇人、澤村拓一《ひろかず》、菅野智之《すがのともゆき》、宮國椋丞《みやぐにりょうすけ》がサプライズで顔を見せてくれ、花束まで頂戴《ちょうだい》した。素晴らしい仲間たちと野球ができたことを再認識した。

また、内海さんは記者団に僕との思い出について質問され、「1点差の満塁とかそういうところで仕事をしていた人間。ぐっさん(山口)がいなかったら、僕はここまでできなかった。僕のすべてです」とまで言ってくれた。

11月21日にはジャイアンツ球場を訪れ、一緒に戦ってきた、ほかの多くの仲間たちにも引退の報告をした。

練習開始前、外野の芝生で円陣を作っていたときにお邪魔し、
「お世話になりました」
と、頭を下げたら、感謝の気持ちで胸がいっぱいになった。そして、仲間たちの顔を見たところで感極まって、なにも言えなくなってしまった。彼らを前にして、「もっと現役を続けたかったなあ」とも思った。

また、ジャイアンツは東京ドームでファンに直接、お礼とお別れの言葉を述べる機会まで作ってくださった。18年11月23日のジャイアンツ・ファンフェスタでのことだ。

「13年前、ジャイアンツに育成選手として入団しました。そのときはまさか、自分がこの世界で13年もやれるとは思ってもいませんでした。入ったときも今も、この東京ドームのマウンドは夢の場所でした。今日、この場に立って改めて思いますが、この夢のような環境で、最高のチームメイトとともに最高のファンの方たちの前で野球ができたことは、自分にとって一生の宝物になりました。いつもマウンドに上がるのが不安でした。それでもスタンドから聞こえてくる大声援が不安をかき消して、力をくれていました。いいときも悪いときも変わらずに応援してくれたファンの方たちがいたから、今日まで変わらずに投げ続けることができました。本当にありがとうございました」

球場でファンの方々にお話しした言葉だ。大勢のみなさまを前にご挨拶《あいさつ》ができ、改めて

本拠地に隣接する東京ドームホテルでの引退記者会見には、同僚が駆《か》けつけてくれた。

「ジャイアンツ・ファンフェスタ」の中の引退セレモニーで、チームメイトから胴上げされた。

幸せな野球人生を送れたと思った。

時間にして約3分程度のスピーチだったと思うが、実は、事前準備をしっかりやっていたものの、いざ、マイクを前にしたとたん、頭の中が真っ白になって、ものすごく緊張してしまった。用意していた言葉の半分も言えなかったが、きちんとお礼が伝えられたのは良かったと思う。

後日談だが、この直後の11月29日、「早まったことをした。せめて、あと1年だけでも」と引退を少し後悔してしまった。阿部さんがキャッチャーに再コンバートされるとの一報を目にしたからだ。このときだけは、「もう一度だけでいいから、阿部さんの構えるミットを目がけて投げてみたい」と思った。

僕だけではなく、ジャイアンツのピッチャーは全員、阿部さんには全幅の信頼を寄せて投げてきた。

若いころは、ただ、阿部さんを信じて腕を振るだけだった。詳しい日時は忘れたが、絶体絶命のピンチを阿部さんに救ってもらったことがある。僕が救援マウンドに送られて、走者を背負い、かつ強打者を迎えたときだった。ストライクが入らずオドオドしてしまうと、阿部さんがマウンドにやってきた。

「ど真ん中を目がけて、思いきり腕を振れ。打たれてもともと」

平然とした表情でそれだけを伝え、またホームベースのほうへ帰っていく。そのあと、サインはストレート。構えたミットは本当に、ど真ん中だった。

「阿部さんが言うのだから、間違いはない」

そう自分に言い聞かせて、ただ腕を振った。結果は外野フライ。ピンチを脱した。

阿部さんはベンチに引き上げる僕の横に来て、

「どんなにすごいバッターも打ち損じることのほうが多いんだから」

とも言ってくれた。

それ以降、考え方を変えた。今までは内角、外角のコーナーを目がけてしっかりと投げ分けようと思っていたが、それよりも重要なことがあると知った。細かいコントロールよりもボールの切れが要求される場面があるのだと。

若いころは、常に全力投球だった。そして、少しずつ経験を積んでいくと、阿部さんがどんな意図を持ってサインを出したのかも、考えるようになった。試合後、阿部さんに配球について聞くと、

「あのときはこんなふうに投げたほうが良かったんじゃないか」

と教えてくださり、自分でもいろいろと考えるようになった。

ジャイアンツは、僕を成長させてくれたところでもある。起用してくださった原辰徳、高橋由伸両監督にはとても感謝している。同じジャイアンツのユニフォームを着てすごすあいだ、優勝、日本一の楽しい思い出だけでなく、つらいことも経験した。苦楽をともにした仲間だからこそ、チームメイトが愛《いと》おしいのであって、ジャイアンツの強さとは、そんな信頼関係によって構築されたものなのだ。

9年連続60試合登板、通算273ホールド。ここまで僕ができるとは思ってもみなかった。それはチームのおかげであり、ジャイアンツですごした13年間は、野球の素晴らしさや感動を学ばせていただいた期間でもあった。

引退してからの今の僕は、ジャイアンツアカデミーで子どもたちに野球を教えている。ジャイアンツアカデミーとは、その名のとおり、読売ジャイアンツが運営する常設の野球教室だ。幼児から小学6年生までを対象としている。

小さな子どもたちを相手に戸惑《とまど》うことも多いが、無邪気で一生懸命にボールを追う姿に僕自身が癒《いや》されている。そして、自分が野球少年だったころのことを思い出したりもする。

次の第2章からは、僕が野球を始めるきっかけとなった幼少期、そして、その後に歩んだ自分の軌跡のようなものをお伝えしていきたいと思う。

読売
G

第2章

ジャイアンツへの導き

～幼少期から、海外挑戦、入団まで～

野球は左利き、お箸《はし》と鉛筆は右利き

ジャイアンツで素晴らしい仲間たちとめぐり合い、充実したプロ野球人生を送れたのは、僕に野球を始めるきっかけをプレゼントしてくれた家族のおかげだ。そして、少年野球チーム、中学校、高校と進んでいく中で知り合ったたくさんの指導者や球友たちがいなければ、プロ野球のステージに上がることはできなかったと思う。

ここからは、そんな野球の素晴らしさ、面白さを教えてくれた人たち、また、僕を育ててくれた恩人たちに触れながら、僕の野球人生について語っていきたい。

まず、この第2章では、幼少期からジャイアンツ入団までをたどってみる。

「お前も一緒に入れ」

そのように言われて、3歳年上の兄・大輔《だいすけ》から地元の少年野球チームに誘われたのは、僕が小学1年生のときだった。そもそも、幼稚園までの僕は「サッカー少年」で、あまり野球には興味がなかった。嫌いだったわけではない。当時はJリーグ発足の少し前で、サッカーが盛り上がり始めていたころ。僕の生まれ育った神奈川県横浜市には、横浜マリノス

(当時)、横浜フリューゲルス(同)の前身チームがあり(のちに前者が後者を吸収合併し、現在の横浜F・マリノスに)、サッカーに興味を持つ子どもも増えていた。

兄が「野球をやりたい」と言い出した理由は覚えていないが、地元の「菅東《すげとう》ドラゴンズ」に入団するからと、僕も誘ったのだ。

野球がやりたかったわけではないが、「サッカーは幼稚園でひと区切り」とも思い、深く考えないまま、兄と一緒に入団。そんな感じで僕の野球人生は、小学1年生でスタートした。練習は、週に2回くらいで、決して厳しいものではなかった。そして、僕のほうもとくに積極的ではなく、「まあ、続けてもいいかな」くらいの気持ち。その程度の心構えでも大丈夫な環境が当時の僕には合っていたように思う。そんな「なんとなく」の気持ちで続けられた野球だが、僕には左利きで得をした部分と、損をした部分の両方がある。

得をしたのは、なんと言ってもピッチャーをやらせてもらえたこと。右投げだったらピッチャーをやっていない可能性もあり、もしやっていたとしても、試合出場の機会は決して多くなかったと思うが、左投げということで低学年のうちから試合で投げさせてもらえた。

そして、損をしたというか、叶《かな》わなかったのは、やってみたかったショートのポジションにつけなかったこと。横浜ベイスターズ、広島で活躍された石井琢朗《たくろう》さん(現東京ヤクルトスワローズ打撃コーチ)や広島の野村謙二郎さん(元広島監督)のプレーを見て、ショートは、うまい選手が守るポジションだと思い、「カッコいいな」と憧《あこが》れていた。

少年野球では左利きの選手でもショートやセカンドを守ることもあるが、菅東ドラゴンズでは許してもらえなかった。左利きが守れるポジションは、ピッチャー、ファースト、あとは外野。その中から選ぶしかなかった。

また、打つことも好きだった。でも、もし打撃優先で、出場機会がピッチャーよりも多いファーストか外野へのコンバートを申し出ていたら、今日の僕はなかったかもしれない。

ついでに左利きの話をさせてもらうと、僕はスポーツ種目や日常生活において、右手と左手を使い分けていた。野球は左投げ左打ちだが、お箸《はし》と鉛筆は右手。矯正《きょうせい》されたのではなく、幼少のころから自然と右手で文字を書いていた。幼稚園のころにやっていたサッカーも利き足は右、卓球も右手を使っていた。テニス、バドミントンも右手だが、スマッシュのときはラケットを左手に持ち替えて打っていた。のちにジャイアンツに入ってから覚えたゴルフも左で打つ。自分の中で、細かい作業をするときは右手、力いっぱい強く打たなければならないときは左手という分け方をしていたのだ。野球の左投げは、「こっちのほうが投げやすい」と思ったのだろう。幼少期にクリスマスプレゼントで兄貴と僕がグラブをもらったとき、僕は右利き用のグラブを右手にはめて投げていたそうだ。それを見た両親は、「この子は左利きなんだ」と、少し驚いたという。家族で左利きは僕だけだ。

幼稚園のときは野球をしておらず、園内のサッカーチームに入っていた。著者は写真中央。

遊び感覚で塾通い

小学生のころは、ほかにも習い事をやっていた。習字、そろばん、水泳、英語、ピアノ。教育熱心な家庭だったのではない。習字やそろばんは、自分でやりたいと言い出した。学校の友だちがその教室に通っていると聞くと、自分も行きたくなり、両親にお願いしたのだ。

英語は仲のいい友だちが「みんなで行こう」という話を進めていて、「それなら、僕も」となった。習字とピアノは、お菓子目当て。僕が行きたいとお願いした習字塾は、まず用意してあるお菓子を食べてから始まっていた。しかも、となりの家の方が先生。通うのもラクだった。ピアノも、生徒にお菓子が振る舞われていた。レッスンもゲーム形式のカリキュラムで、遊び感覚。そろばんは母親が先生で、水泳も兄が通っていたから。すべて、その習い事に興味があったわけではなく、友だちや兄弟と一緒に通うのが楽しかったのだ。

ピアノは指先の感覚が活性化されるということで、かつて、ジャイアンツOBの桑田真《ま》澄《すみ》さんがケガのリハビリに取り入れていた。でも、僕の場合は、野球に結びつくことはなかった。それどころか、「ピアノは女の子がやるもの」と勝手に思い込み、すぐにやめたいと考えるようになった。両親からは、「自分で始めたことなんだから、1年間は続けなさい」と叱《しか》られた。カレンダーを見ながら、「あと、何か月」と数え出す始末で、ただピアノ教室を退会するのを待っているだけだった。今になってみれば、「ピアノが弾《ひ》けたらカッコいいのに」と後悔することもある。

習字と水泳は、小学校を卒業するまで続けた。習字は、何段かは忘れたが、ちゃんと段を持っている。ペン字はダメだが、毛筆だったら、今でもちょっと自信がある。

水泳もそれなりに上達し、大会にも出場した。好成績はあげていないが、肩の周辺に強い筋肉がついたような気はする。ジャイアンツで長く野球を続けることができたのは、水泳で鍛えたおかげも少なからずあったのではないだろうか。

このように、遊び感覚でのたくさんの習い事をしながら、並行してマイペースで野球を続けられたのが良かったのだと思う。

さて、肝心の野球の実力はと言うと、これは自画自賛になってしまうが、チームの中ではうまいほうだった。のちにジャイアンツにお世話になり、自分の能力が信じられず悩む時期が来るのだが、当時は「俺って、ほかの子よりうまいんじゃないかな」と勝手に思っていた。コーチの方から褒《ほ》められることも多く、変に自信みたいなものが芽生え、周囲も「お前がエースだ」みたいな目で見てくれていた。

野球が好きな子、プロ野球への憧れを持った子たちは、練習のある日以外も、素振りやキャッチボールなどの自主練習をする。そういう努力がのちのちになって花を咲かすものだが、当時の僕はそんな必要はないと、なかば天狗《てんぐ》になっていたように思う。

運命のジャイアンツ帽をかぶっていた子どものころ

ピッチャーを始めたのは、小学2年生になってからだと記憶している。このころの年齢だと、成長の早い子ども、体格の大きい子は少し得をする。僕も身長が高く、確か、クラスでも後ろのほうだった。体は細かったが、ほかの子よりも大きかったこともあり、3年生までの低学年チームで、すぐに投げさせてもらえたのだ。

菅東ドラゴンズは、本当に楽しんで野球をやれる環境にあったと思う。練習が厳しくないこともあるが、コーチのみなさんが練習のあと、子どもたちを食事に連れていってくれ、おいしいものを食べながら友だちとおしゃべりをするのがとても楽しかった。それが目当てで通っていたところもある。ことあるごとに怒鳴られ、猛練習を重ねていく厳しいチームだったら、のんびり屋で、友だちがいるからという理由で習い事を始めるような僕の性格では、とても長続きしなかったはずだ。

引退した今は、41ページでもお話しした「ジャイアンツアカデミー」のコーチのお手伝いをさせていただいていて、中には、幼児もたくさんいる。夢中になってボールを追いかける子どもたちの姿は、本当にかわいい。野球の技術を教えることも必要だが、ジャイアンツアカデミーのそもそもの目的は、野球に興味を持ち、野球を好きになってもらうこと。そのためには、どうすればいいのかを考えるとき、菅東ドラゴンズでの「明るく、楽しく」の野球環境を経験したことが役立っていると思う。

当時の話に戻そう。努力らしい努力をしなかった小学生時代だが、ほんの少しではあるものの、練習日以外にも素振りや軽いランニングをやったことはあった。

夜、心の底から野球の好きな兄が「いいから、行くぞ。やるぞ」と言って、ときどき僕を自主練習に連れ出していたのだ。こちらは、のんびりとテレビを見たいと思っていたけれど、兄の熱意にはかなわなかった。だから、自発的にやっていたわけではない。

また、菅東ドラゴンズのコーチの方々が、練習したい子だけを集めて、近くの公園で30分程度、見てくださっていた。夜に遊びに行けるのが楽しい、というまたも邪《よこしま》な考えではあったが、僕はこれによく参加していた。ボールの代わりにスポンジにガムテープを巻いたものをティーバッティングで打ち、終わったときは毎回けっこうな疲労感もあるが、楽しかった。本当にやりたくないと思っていたら、兄の誘いをことわることもできたはずだ。率先しての参加ではなくても楽しいと思えたのは、遊び感覚で練習ができる環境だったから。こうして無意識のうちに僕は、野球の楽しさを心身に染《し》み込ませていたようだ。

このように、野球を楽しいと思える環境を作ることは大切だと思う。もし自分が子どものころからガンガンに猛練習をしていたら、野球の楽しさを子どもたちに教えるアカデミーのスタッフは今、務まらないかもしれない。

家庭内の野球環境を補足させてもらうと、父親はジャイアンツの大ファンだった。テレビのナイター中継は必ず見ていた。自分ではよく覚えていないが、子どものころの写真を見ると（巻頭カラーの1ページ参照）、ジャイアンツの野球帽をかぶっている。でも神奈川県出身なので、僕は地元球団のベイスターズのファンだった。だから、プロ野球チームの野球帽をねだるとしたらベイスターズのはずなのに……。ジャイアンツの帽子をかぶっていたのは、おそらく、父親が僕の希望も聞かずに買ってきたのだろう。とはいえ、ジャイアンツとの不思議な縁《えん》を感じずにはいられない。

ただ、僕の子どものころから、ジャイアンツは「スーパースター集団」であり、自分にとっては、はるか遠い存在だったのだが。

そんな野球好き、ジャイアンツ好きの父親ではあったが、『巨人の星』の主人公・星飛雄《ひゅう》馬《ま》の父・一徹《いってつ》のような、子どもに熱血指導するタイプではなかった。そうやってふわりと見守ってくれていたおかげで、僕は小学生時代に野球の楽しさを知ることができただけでなく、ほかの習い事や野球とはまったく違う友だちとの遊びなど、自由な時間をすごせた。

こうした経験は、のちのジャイアンツでのプロ野球人生に生かされたと思っている。練習時間とオフ、早出、試合後の練習とチームメイトとの食事、などとメリハリをつけることも、おのずと習得できたようだ。

そうやって楽しくプレーしていた少年野球時代の思い出だが、こんなこともあった。試合中、審判の方がマウンドにやってきて、

「変化球はダメだよ」

と、注意されたのだ。一瞬、なんで注意されたのかわからなかった。

少年野球の試合では、チームのコーチや父兄が審判を務めることも珍しくない。でも、あのときは、野球のルール、大会運営などの講習を受けた派遣審判が球審を務めていた試合。これまで変化球を投げていると注意されたことがなかったので、本当にびっくりした。

地元で僕は、ほんの少しだが、「速球ピッチャー」として知られるようになっていた。確か小学5、6年生の大会だったと記憶しているが、僕の投げる直球はシュート回転していて、小学生のクラスでは変化球にも見えるような軌道を描いていたのだ。

シュートらしき球を投げているから注意されたのはわかったが、意識して投げたものではなく、自然とそうした軌道になっただけ。修正のしようがなかった。

審判の方は僕たちのベンチ前までやってきて、

「シュートになってしまっているから、代えてください」

と、監督に伝えた。仕方なくピッチャー交代となり、そのあと、僕は一塁の守備に回った。当時はオーバースローで投げていたのだが、後日、練習してもシュート回転は直らず、ピッチャーとしての出場機会は激減した。

プロに進んでからも、ボールの回転が良くなることはなく、それどころか「回転が汚《きたな》い」といった表現を使われることもあった。もっとも、それが対戦バッターにとっては打ちにくいらしく、プラスに作用しているものの、当時は歯がゆくて仕方がなかった。

一般論として、野球が好きで好きでたまらない子どもだったらともかく、そうでない子だと、試合中に大人に注意されたら、いやになってチームをやめてしまうことだってある。それでも僕が野球を続けていた理由は、「楽しい」以外にもあった。バッティングが好きだったからだ。ひょっとしたら、投げることよりも好きだったかもしれない。

野球を経験した人ならわかってもらえると思うが、快音を残して、白球が放物線を描き、遠くまで飛んでいくのは、まさに快感だ。

ただ、前にも触れたように、左投げだったためにピッチャーでの出場機会をいただいた僕が、ピッチャー以外で試合に出るとなると、ファーストか外野しかチャンスがない。内

小学5年生のころに地域の野球大会で優勝したときの記念撮影。誇らしげにカップを持った。

横浜スタジアムで行われた市の大会で、主将としてプラカードを掲《かか》げ、チームを率いて行進。

野を守って、カッコ良くダブルプレーを成立させたいと思ったこともあるが、実現しなかった。左利きであることがプラスに転じることもマイナスになることもあると、野球を通じて知ることができた。

この時期に、プロ野球のオフのイベント企画で開催された野球教室に参加し、ピッチングを見てもらったことがある。「強制降板」の一件があっても、ピッチャーを続けようと思えたのは、そこで褒めていただいたからだ。

プロ野球の世界は、夢のまた夢

まだ、プロ野球選手を目指すことを現実のものとして考えていなかった。でも、興味は持ち始めていた。横浜市立池上《いけうえ》小学校6年生のときに制作した卒業文集がある。「将来の夢」について、こんなふうに記していた。

〈菅田《すげた》中学校に入ると同時に野球部に入り、3年目には夏の大会で優勝する。その後ぼくの所にY校のスカウトマンが「ぜひY校に来てください。」と言ってくる〉

Y校こと横浜商業高校に進んだあとは、甲子園大会での劇的な逆転本塁打を妄想《もうそう》している。〈決勝で5－2で負けているが9回裏ツーアウト満るいの場面でぼくにまわってくる。ツ

ースリーとおいこまれたとき、ぼくがホームランを打って優勝する〉

そして、プロ野球選手、大好きなチームの一員になることも綴《つづ》っていた。

〈横浜ベイスターズにドラフトで選ばれ、契約金1億5千万円で入団する〉

契約金1億5千万円。厳しい現実をわかっていなかった。入団してからは、〈1年目に10勝4敗で新人王〉とあり、〈2年目に三し王〉ともあった。「し」と「王」の字のあいだに「ん」が抜けているし、本当は奪三振王だ。

〈3年目にはなんと完全試合までしてベイスターズを優勝させる〉

とまで書いてある。本当に恥ずかしい限りだが、プロ野球選手とは目標ではなく、憧れであって、夢の世界の話でもあった。

このように、小学生のころは、野球が楽しく、仲間たちと一緒にすごす時間を満喫していた。本気でプロの世界を目指すのなら、自分から練習をしなければならない。でも、当時の僕はそこまでの高い意識を持てなかったのだ。

1996年4月、僕は横浜市立菅田中学校に入学し、野球部にも投手志望として入った。自分が右投げだったら、ショートのポジションに挑戦したいと思っていたが、最優先したのは「試合に出たい」という思い。大会でシュート回転を注意されたトラウマも消えていなかったが、外野やファーストでポジションを争うよりも試合出場のチャンスは大きいと思った。そのころ、好きだったプロ野球のピッチャーは、石井一久《かずひさ》投手（当時ヤクルトスワローズ、現東北楽天ゼネラルマネージャー＝GM）。真《ま》っ直《す》ぐが速く、右足を上げるときにヒジとヒザがぶつかるフォームがカッコ良く感じた。おまけにテレビ番組で発するコメントも面白い。石井投手のフォームをマネしたときもあったが、さすがにものにできなかった。ヒジとヒザをぶつけることに意識が行くせいか、コントロールもままならなかった。

また、入学したてのころは、妙な期待感もいだいていた。というのも、僕たちが少年野球の試合をしていた地区はレベルが高く、強豪チームも多かったからだ。

「彼らと中学校で一緒になるのだから、このメンバーなら、全国大会にも行けるかも」

そんなふうに言うのは、僕だけではなかった。ほかの地区のレベルは知らなかったが、勝手にそう思い込んでいた。

恩師が浴びせた居残りノック

中学校での野球部生活で最初に思ったのは、「練習が厳しいな」だった。少年野球チームでは、「楽しく」が最優先の雰囲気だったせいもある。ただ、冷静に考えると、菅田中学校の当時の練習が厳しかったわけではなく、僕自身の体力不足が原因だった。また、せっかくライバル関係にあった強敵とチームメイトになったのに、のんびりとした性格、怠《なま》けグセを直そうともしなかった。練習そのものは、慣れてくるのと同時に「厳しい」と思うことはなくなったが、仲の良いチームメイトたちと集まって、「今日はどうやってサボろうか」と、そんなことばかり考えていた。

さすがに、練習をズル休みするまではやらなかったが、完全な手抜き。

放課後、ユニフォームに着替えてグラウンドに集合すると、ランニングから練習が始まる。列になって声を出しながら校庭を回るのだが、仲間たちとこっそり隠れて、ランニングが終わるのを待っていた。

のちに野球を続けていくうえで多大なサポートをしてくださった顧問《こもん》の菅沼務先生は、専門の指導者ではなく、教員なので、その仕事を終えてからグラウンドにやってくる。菅沼先生が現れるころはランニングも終わり、バッティング練習が始まっている。バッティングは好きだったので、真面目《まじめ》にやっていた。

毎日ではないが、つらそうな練習はサボって、好きな練習だけをやっていた。野球部の仲間や先輩もおおらかな人たちだったので、たいていのことは見逃してくれた。でも、僕や一部の部員の不真面目さは、菅沼先生に報告されていたと思う。それでも、怒られることはなかった。「練習をちゃんとやっていないのは俺だけじゃないし、試合でも勝っているじゃないか」と、そんな不真面目な考えで通していた。

基礎体力強化の筋力トレーニングにしても、「筋肉をつけると、身長が伸びなくなる」という噂《うわさ》があったので、それを理由に避けてきた。要は、つらいことから逃げていただけ。やりたくないだけで、都合よく噂を利用したのだ。

ただ、僕や一部の部員たちのサボりグセでチームの雰囲気や結束力が崩《くず》れるということは、幸いにしてなかった。

そんな好き勝手で、いい加減な気持ちにどっぷりと浸《つ》かりきってしまっていた3年生のある夏のことだった。温厚な菅沼先生が、ついに爆発した。

試合でピッチャーとして出場していた僕は、相手チームに手痛いヒットを食らってしまった。良いところがまったくなく、試合後も不機嫌そうな顔を露骨《ろこつ》に見せていたら、「山口！」と、みんなの前で、名指しで怒鳴られた。それが悔しくて、恥ずかしくて、なおも不貞腐《ふてくさ》れていると、外野の守備につくように命じられた。

菅沼先生は、僕に容赦《ようしゃ》なく、ノックの嵐を浴びせた。炎天下である。菅沼先生も大変だったはずだ。なのに、「なんで、俺だけが!?」としか思えなかった。

菅沼先生からカミナリを落とされたのは、この一度だけだ。

余談だが、ジャイアンツにお世話になってから、なにかの記事で菅沼先生が、当時の僕について語っていた次のようなコメントがあった。

「山口がスノーボードかスケートボードの選手になると言ったので、怒鳴ったことがある」

そんなようなお話をされていたが、正直、全然覚えていない。

確かに、スノーボードは好きだった。小学生のときも何人かの友だちとその家族と一緒にスキーに行ったりもしていた。ウインタースポーツ全般に興味があって、中学時代は、友だちをよく誘っていた。また、スケートボードも実際にやったことがあったが、ジャンプなどのテクニックは1つもできなかった。一時期、僕たちのあいだで流行したので、なにかの拍子で菅沼先生に「スノーボードやスケートボードの選手になりたい」と言ったのかもしれない。

松坂大輔さんの横浜よりも、伝統の水色のユニフォームのY校

中学の野球部に入り、2年生、3年生ともなれば、高校野球、甲子園というものもおのずと意識してくる。漠然《ばくぜん》とだが、「自分も、もしかしたら甲子園に」と思うようになったのは、98年、3年時に出場した第15回全日本少年軟式野球大会が少なからず影響していた。

この大会は16の代表校が頂点を争う、軟式・中学生の甲子園とも位置づけられる大事なものだ。出場できたのは仲間たちのおかげなのだが、当時の僕はと言えば、2年生のころから、たまにピッチャーで投げ、それ以外は外野手などで試合に出られるようになっていた。

前述したように、小学生時代の少年野球チームのとき、同じ地区内で対戦した相手に好選手が多く、彼らが同じ菅田中学校に集まれば、「全国大会に行けるかも」と勝手に思い込んでいたわけだが、うれしいことに、その予感は的中したのだ。

3年生で出場した、この大会。あれよあれよと勝ち上がり、ベスト4に進出した。

準決勝の全流山《オールながれやま》（千葉県）戦では、同点の3回裏、ランナーを一塁に置いた場面で、僕が放《はな》った打球はライト方向へ。「よし、勝ち越しだ!」と思った瞬間、ワンバウンドで横浜スタジアムのフェンスを越えて、エンタイトル2ベースになってしまう。後続が凡退してランナーは生還できず、試合は2対3で惜敗。日本一には手が届かなかった。

それに加えて、ピッチャーとして貢献できなかったことにも悔しさが残った。同大会前の横浜市大会から左ヒジを痛め、ほとんど登板ができなかったのだ。菅沼先生は僕を、おもに3番センターで起用してくれた。勝利至上主義の監督だったら、当時の僕のようなケガを抱えていた部員にも長いイニングを投げさせて勝ちにいっただろう。将来を見越して、決して無理をさせない先生にめぐり合えたことで、僕は長く野球を続けられた。

中学3年時の全国大会。このころはワインドアップで投げていた。場所は横浜スタジアム。

それほど練習もしていないのに良い結果を得て、当時の僕は慢心していた。ただ、全国大会に出場できたことで、ありがたいニュースも飛び込んだ。高校進学にあたって、いくつかの強豪校からお誘いがあったのだ。その中には、あの横浜高校もあった。小倉《おぐら》清一郎《きよいちろう》部長（当時）が、夏の甲子園の大会中、現地から菅沼先生に連絡を入れてくださったそうだ。

この98年の横浜高校と言えば、エースの松坂大輔さんを中心として、甲子園春夏制覇を達成。夏の甲子園の準々決勝でＰＬ学園高校と繰り広げた延長17回の死闘は今も語《かた》り種《ぐさ》となっており、その大会の最中に連絡をくださったということで、素直にうれしいと思った。

でも、僕は「行きません」と、菅沼先生に即答した。Y校こと横浜商業高校に行くと決めていたからだ。理由はいくつかある。まず、兄がY校に通っていたこと。そして、前年（97年）夏の全国高校野球選手権神奈川大会の準決勝を見ていたこと。Y校対横浜高校戦、結末は松坂さんのサヨナラ暴投とあっけないものだったが、その9回裏のY校の攻撃に、僕は心を打たれた。1点ビハインドで9回裏の最後の攻撃に突入すると、連打と送りバントで一死二、三塁のチャンスを作り、そこでタイムリーが出て、まず同点。なおも、一、三塁と攻めたてたところで、松坂さんが痛恨の暴投。Y校がサヨナラ勝ちを決めたのだった。

Y校は松坂さんに勝った高校であり、胸に大きく「Y」と書かれた伝統の水色のユニフォームがカッコいいと思った。そのとき、「俺もY校に！」と心に誓っていたのだ。

人生に「もしも」はないが、横浜高校にお世話になっていたら、僕の野球人生はどうなっていたことか。

確かに、「強豪校で鍛えられ、プロ野球チームにドラフト会議で指名されて」というパターンも考えられないことはない。全国から強者が集まってくる横浜高校。その中で揉《も》まれ、自分の甘さに少しでも気づくことができたら、もっと成長できたかもしれない。ただ、当時の性格を考えると、それはなさそうだ。横浜高校の野球部は全寮制で、遊びや趣味に逃げることもできない。さほど練習もしないで、全国3位の称号を得て天狗になっていた僕のこと。厳しい環境に耐えられず、逃げ出して野球まで捨てていた可能性もある。

素晴らしい恩師にも恵まれた中学時代ではあったが、考え方が甘く、すべてが子どもだった僕は、そのことにまだ気づいていなかったのだった。

言うだけだった甲子園出場の夢

99年4月、憧れのY校に入学した。当時のY校は97年春のセンバツ（選抜大会）に90年夏の選手権大会以来となる甲子園出場を果たしたことで、「名門復活」のムードも高まっていた。そういう雰囲気と、伝統校のユニフォームを目《ま》の当たりにしたせいもあって、高校球児の誰もが考えることではあったが、僕も将来の夢を改めて掲《かか》げた。

「プロ野球選手になりたい……」

そのためにはどうすればいいのか、とまでは考えが及ばなかったが、まず見据《みす》えたものは、甲子園出場という目標だった。

強豪校の一員となるにあたって、僕と入れ代わりで卒業した兄から、

「上下関係をしっかりしないとダメだぞ」

と、念押しされていた。のんびり屋でサボりグセのある僕にとって、最も苦手なのが上下関係だ。気持ちを入れ替えなければ、強豪校ではやっていけないことは頭ではわかっているつもりだったが、「なんとかなるだろう」と、安易に構えていたところもないわけではない。

そして、高校野球のステージに進んだことで初めて体験したのが、「硬式球」だ。

ほかの1年生の中には、中学で硬式をすでに経験している者も少なくなかった。硬式のクラブチームの出身者が多かったからだが、僕は小学校、中学校で軟式しか経験していない。高校野球に照準を合わせ、クラブチームで野球を学ぶ選択肢もあった。硬式を使うクラブチームでは、変化球も当たり前のように投げられていた。でも、

「体ができていないうちにやると、肩やヒジを壊す可能性もあるよ」

と話す人もいた。その真偽のほどはわからないが、中学時代、筋トレをやると身長が伸

びなくなると聞いて逃げてきた僕にとって、気心の知れた仲間との部活動での野球、軟式でのプレーは合っていたと思う。

ゴムの軟球と違って、白い革に赤い縫《ぬ》い目のある硬球。さらに軟球よりも10グラムほど重い。たった10グラムだが、キャッチボールでグラブに入ったときの重量感が軟球とは明らかに違う。でも、投げる分にはさほどの違和感はなかったというのが、最初の印象だ。

「まあ、なんとかいけるかな」

強豪校の練習を目の当たりにしても、そう楽観視していた。まだまだ、慢心の塊《かたまり》だった。

実際にY校に入ってからの様子をもう少しお話しすると、3年生の先輩の中にレベルの違う投手がいた。同級生にもうまいやつがいて、その彼と僕の2人は安達清和監督に目をかけてもらい、1年生の秋からベンチ入りすることができた。僕に関しては、おそらく、左投手ということで選んでくださったのだと思う。

ただ、公式戦ではほとんど投げる機会をもらえず、自分たちの代になってもずっとエースにはなれなかった。

3年生春の大会では外野手として試合に出してもらえたが、目立った結果は残せなかった。「投手・山口」について説明すると、左ヒジを故障してしまい、痛みがなくなったのは3年生になったころだった。なによりも、練習嫌いは高校生になっても直らなかった。

高校での野球生活について、正直に告白すると、ダメな野球部員の典型だったかもしれない。高校では、当然、中学時代とは比べ物にならないほど練習量も多くなる。走り込みの量もハンパではなく、内容も厳しくなる。２年生までは先輩の自主練習のお手伝いをしなければならなかったので、遅くまでグラウンドにいた。グラウンド整備などの後片づけから解放されたのは3年生になってからで、帰宅時間も少し早くなる。同期の仲間は練習熱心で、野球部全体の練習が終わってから、素振りやティー打撃などの自主練習をこなしていた。

3年生になり、後輩にサポートを頼んで自主練習をやろうと思えば、存分にできた。そういう先輩風なら、いくら吹かしてもトラブルにはならないはずだ。でも、僕は全体練習でくたびれてしまい、

「もう、いいや。残ってまで練習しなくても」

と、早々に引き上げてしまっていた。

Y校のグラウンドは自主練習組と帰宅組に分かれていた。仲が悪いということは決してないが、みんなが頑張っているのを横目に、グラウンドをあとにしていた。

もっと言えば、走るのが嫌いだった。投手のランニングは必須事項だが、走らないですむのなら、本当に走りたくなかった。

「ロードワークに行ってきます」

そう言って、サボっていた。

全体練習では、野手と投手はだいたい別メニュー。投手はグラウンドの外を走り込むことも多いが、僕は監督の目の届かないのを良いことに近くの公園で遊んでいたのだ。後輩を連れ出すこともあった。練習嫌いを克服できず、成長が止まってしまった。

目標は甲子園出場、夢はプロ野球選手……。我ながら、よく言えたものだと思う。監督は自主練習を強要しない。やるか、やらないかは各自に任されている。文字どおりの自主練習だ。でも、練習熱心な部員のほうを試合に出してやりたいという監督の親心もあったはずだ。

でも、不思議と、野球は嫌いにならなかった。好きであり、試合も楽しいと思っていた。やっと、やる気のスイッチが入ったのは、3年生の春の大会を終えたあとだった。

プロ野球予備軍に大敗

3年生春の大会を終え、残すところは「最後の夏の大会」となったときだった。のんびり屋でサボりグセのある僕でも、「最後の夏くらい、精一杯やって終わりたい」と思うようになった。入学したころは甲子園出場という目標もいだいていた。おそらく、頭の片隅で

「変わらなければ！」と思っていたものの、ラクなほうへと流され、自分自身の弱さでここまで来てしまったのだ。

「今日から俺も一緒に走るよ」

エースナンバーをつけた同級生の小林重仁《しげひと》のところに行き、そう宣言した。彼はいつも必死に練習をし、エースナンバーを勝ち取っていた。全体練習を終えても、コツコツとランニングを重ねていた彼に触発された。小林は二つ返事で一緒に練習することを受け入れてくれた。

自分1人でやろうとしていたら、途中でやめてしまったかもしれない。自分を変えるための挑戦を決めたとき、僕のような弱い人間は内に秘めるよりも言葉に出したほうがいい。小林に宣言した時点で逃げ場はなくなる。途中でやめてしまえば、「なんだ、あいつは」と蔑《さげす》まれてしまう。自分を追い込む意味でも、やるならやると宣言すべきだ。

その日から毎日、グラウンドの外周を走った。10キロメートル近く走っていたと思う。また、4階建ての校舎の階段の上り下り15往復も続けてみせた。小林との体力差は歴然としていたが、「やりきりたい」と思った。もはや、エースうんぬんはどうでも良かった。真剣に練習していると、「甲子園に行きたい」という気持ちも強くなっていき、本気になってきた。「行きたい」が「行くんだ」という信念のようなものにも変わってきた。

やりきるんだ。遅すぎたかもしれないが、ようやく僕にもスイッチが入った。

短い期間ながら、夏の神奈川県大会に向けて、少なからず手ごたえのようなものをつかんでいた。その年の最大のライバルで優勝候補は、やはり横浜高校だった。横浜に次ぐ存在としてメディアが挙げていたのが桐蔭《とういん》学園高校で、僕たちは練習試合で同校に勝っていた。その勝利で「いけるんじゃないか」と、部全体にも前向きな気持ちが芽生えたのだ。

もっと言うと、その練習試合で対戦した桐蔭学園のピッチャーは、2005年オフのドラフト会議で同期入団となる栂野《との》雅史《まさふみ》（大学・社会人ドラフト3位／現巨人打撃投手）だった。栂野は僕よりも1学年下の2年生だったが、すでに好投手としてメディアにも取り上げられていた。もちろん、のちにチームメイトとなるとは考えもしなかった。

でも、僕にとっても、好投手・栂野と投げ合っての完投勝利と、強豪・桐蔭学園を抑えて勝ったという結果は、夏の大会へ向けての手ごたえとなった。

「桐蔭学園に勝ったんだから、もしかしたら、横浜にも勝てるんじゃないか？」

そんな声が部内でも聞かれるようになり、意気込んで最後の大会に臨むことができた。

背番号1。安達監督は最後の夏の大会に臨むにあたって、エースナンバーを僕に託《たく》してくださった。本気になるのが遅すぎた感は否めないが、最後になって真面目に取り組んだことへのご褒美《ほうび》のようなものだったかもしれない。

背番号1を背負っての初戦の相手は、慶應《けいおう》義塾《ぎじゅく》湘南《しょうなん》藤沢《ふじさわ》高校だった。僕にとっても公式戦初先発であり、初回のマウンドでは緊張して足が震えてしまった。それでも、最速１４０キロのストレートにカーブを織りまぜて、3安打、12奪三振で完封勝利をおさめることができた。１４０キロが出たことは試合後に知った。当時の自己最速だった。真面目に走り込んだ成果が出たのだと思った。

2回戦は登板がなかったが、藤沢工業高校に9対2で7回コールド勝ちをおさめた。3回戦は第1シードの鎌倉学園高校で、初回にいきなり2点を奪われたが、味方打線の援護に恵まれて、どうにか完投で勝利することができた。4回戦は金井高校とぶつかって、7対1。5回戦は麻溝台《あさみぞだい》高校が相手で、6対3。ベスト8まで残ることができた。

そして、準々決勝で横浜高校と激突した。当時の横浜高校のエースは、1年生夏からベンチ入りしていた同じサウスポーの畠山太だった。

この畠山に対して僕は、素直にレベルの差を感じた。この日はベンチスタートとなったが、彼の投球を見ていて、本当にすごいと思った。もっと言えば、こんなふうに圧倒された投手は彼が初めてだった。

「こういうやつが、プロに行くんだろうな」

投球フォームに無駄な力感もなく、真っ直ぐ、変化球、すべてでストライクが取れる投手だった。

ほかにも、1年生ながらリードオフマンを任されていた荒波翔《しょう》（元横浜DeNAベイスターズ、19年からメキシカンリーグのモンテレイ・サルタンズ）、2番にジャイアンツでのちに同僚となる円谷英俊《つぶらやひでとし》（現巨人スカウト）、前年に夏の甲子園球場での900号のメモリアルアーチを放った松浦健介が4番、次が1年生の夏からクリーンアップを打っていた大河原正人《おおかわらまさと》。トップ選手が揃《そろ》っていた。

「横浜に勝てば、甲子園が見えてくる」

そんなふうに気合いが入っていたのは僕だけではなかった。

先発マウンドを任された僕は、俊足の1、2番コンビの荒波、円谷をわずか3球で打ち取った。打ち損じを誘い、ひと安心したところだったが、横浜打線の怖《こわ》さはここから。3番バッターにレフト前に運ばれ、4番の松浦も歩かせてしまった。そして、5番バッターにタイムリーを浴びた。このヒットは悔やまれた。本来なら、ショートの守備範囲のゴロだったが、二塁にランナーがいたため二塁ベース寄りに守備位置を変えていた。もっと言えば、キャッチャーからは二塁牽制《けんせい》のサインが出ていた。これは、外角にボール球を投げ、受けた捕手が素早く二塁に送球するというピックオフプレー。でも、ピッチャーの僕がそれを見落とし、ストライクゾーンに投げてしまった結果なのだ。そのミスで動揺してしまい、次打者に四球、その次の打者には死球。続くバッターはストライクを欲しがる僕の心理状態を見透かし、初球をセンター前に弾《はじ》き返す。一挙に4失点。直後の攻撃で先頭バッターがホームランを放ったが、僕は5回にも失点をしてしまう。味方打線はランナーこそためるものの、「あと1本」が出ない。

結局、試合は1対5で敗退。それでも完敗という気はしなかった。ピンチでも踏ん張ることのできる精神力の違い。これが横浜高校の強さなのかもしれない。厳しい場面でこそ、本当の力が試される。僕が高校生の最後の夏で学んだことだ。

横浜高校はそのまま神奈川県代表の座を勝ち取り、甲子園に出場した。その大会は西東京代表の日本大学第三高校が優勝をおさめたが、横浜高校はベスト4まで進出している。そういう相手に、いい勝負ができただけに、やはり甲子園に行ってみたかったと改めて思った。同時に、もっと早く本気になっていれば良かったと後悔もした。横浜高校に敗れ、ベンチ前に整列していたとき、仲間たちは涙を流していた。それを見て、込み上げてくるものもあった。

ただ、涙は出なかった。「もっと早く」の思いのほうが強かったからだろうか。

「終わったんだな……」

ぽっかりと胸に大きな穴が開《あ》いた感じがした。

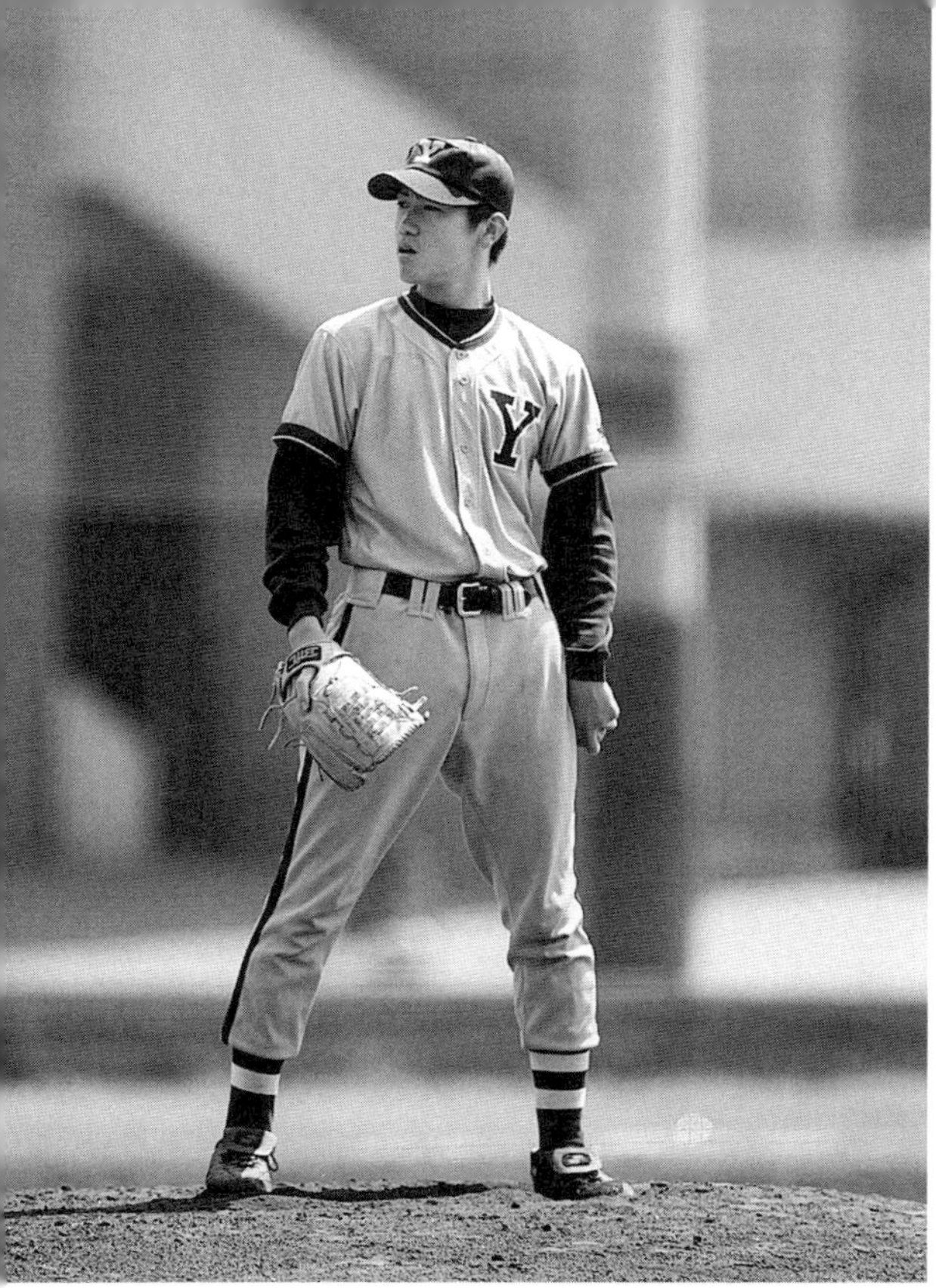

高3のころ、Y校（横浜商業）グラウンドでの練習試合。マウンドでキャッチャーのサインを確認中。

こちらも、Y校時代の練習試合より。当時は、上半身を倒すようなオーバースローで投げていた。

信じられなかったドラフト指名の話

横浜高校に敗れてから数日がたち、ようやく進路についても考えられるようになった。理想としては高校を卒業するときにそのままプロ野球選手になることだったが、さすがにそれは考えられない。「野球を続けたい」という方向で安達監督とも話し合い、大学のセレクションを受けることでいったん落ち着いた。

ところが、である。セレクションを受けるための申込用紙に目を通すなどはしていたものの、夏の大会が終わったことで、僕のスイッチは一気にオフモードとなってしまった。

「引退して、やっと自由な時間ができたんだから遊ぼう。ずっと野球だけやってきたんだから」

甘い考えが生じ、遊びという誘惑に負けてしまった。

そうして怠惰《たいだ》に時間をすごしていたら、夏休みが終わり、2学期に突入。気づけば、受験可能な大学のセレクションはすべて終了していた。

「まあ、野球はもういいかな」

そんな投げやりな気持ちも口にしていた。

でも、もう一度だけ奮起した。後日談として知ったのだが、それまでにジャイアンツの

スカウトの方が僕の投げる試合を見に来てくれたそうだ。その際、安達監督に対し、一般論と前置きしたうえで、

「まだプロのレベルではないけれど、将来性が高いので、これから毎日10キロ走ったらドラフトで指名される可能性も出てくるかもしれませんよ」

とも話していたそうだ。本当か安達監督に確認し、再び火がついた。ドラフト指名を夢見て、ランニングの自主トレを再開した。本当に高校からプロ野球の世界に行けるかもしれない。わずかな可能性を信じ、ドラフト指名を受けるために必要な退部届も提出した。今日ではプロ志望届になっているものだ。こうした書類上の手続きをすると、本当に指名されるような気持ちになるが、数日がたったところで僕の気持ちは冷めてしまった。

「俺は騙《だま》されているだけじゃないのか……」

疑いの念が湧《わ》き上がり、だんだんと広がっていった。

ドラフト会議翌日のスポーツ新聞などで、「指名漏《も》れ」なんて活字を見たこともあった。

「こんなに毎日、走っても指名なんてしてくれるわけがない」

「とりあえず、みんなにそういうことを言っているんだろう。何人にもそうやって声をかけていて、俺はそのうちの1人に過ぎないんじゃないか」

マイナス思考で自問自答しているうちに、やる気も失《う》せてしまった。

今思い返しても、なんて馬鹿なんだろうと反省している。

当時考えたことを正直にお伝えすると、「スカウトの方は指名の可能性が出てくるかもしれない」と言ってくださったが、こんなに一生懸命走って、必死になって指名されなかったら、みじめな思いをするだけだと卑屈《ひくつ》になっていた。

ただ、プロ野球選手になりたいと思っていたのは本当で、それだったら、結果を恐れずに必死になればいいのに、当時の僕はなにかと理由をつけては逃げ道を作ってばかりいた。毎日の走り込みにしても、今度は、高校のチームメイトの小林はいない。1人だ。

走り込みの自主練習をやめてしまってからの数日後、安達監督のもとにそのスカウトの方から連絡が入った。監督に問われ、嘘《うそ》を言うわけにはいかないから正直に答えた。

「もう、走っていません」

その場では、監督はなにもおっしゃらなかった。でも、数時間後、どこで調べたのか、僕が遊んでいる先に電話をかけてきた。

「さっきスカウトの方から連絡が来たけど、もうやっていないと言ったからな」

「はい、かまいません」

強がって、そう答えてしまった。気持ちがまだ子どものままだった。

スカウトの方は本当に、ちゃんと見てくださっていた。人生の転機、せっかくのチャンスを棒に振ってしまった。チャンスをつかむかどうか、その決定的な違いは信じること、必死になれるかどうかだと思う。

進学よりもルーキーリーグの入団テスト

そうこうしているうちに、時間ばかりが過ぎてしまった。不思議なものであれだけサボりたいと思っていたのに、今度は遊んでいても楽しくなくなってきたのだ。

そろそろ一般の高校生と同じように、進学か、就職か決断の時期。進学するのであれば、なんの学科を目指すのかを考え、就職ならばどんな業種が自分に向いているのかを判断しなければならないが、高校も野球のことを第一に考えてきたので、なにも決められなかった。

そうして、たどり着いた答えは、「やっぱり、野球がしたい」だった。

ただ、前述したように、セレクションの受験期間はとっくに終わっていて、街中が冬景色に変わりつつあった。野球を続けたいと思っても、行けるところがあるのかどうか。これは弱気ではなく、現実として受け止めなければならない。そんなとき、僕の相談に乗ってくださったのが、中学校時代の恩師である菅沼務先生だった。

菅沼先生には、自分の弱さでチャンスをのがしてしまったことも正直に打ち明けた。でも、なんとか、野球を続けられるようにと各方面に声をかけてくださり、いくつかの進路を提示してくださった。その中から選んだのが、国士舘大学の野球部だった。だが、その方向で動き始めたときだった。高校に僕のことで問い合わせの電話が入ってきた。

「夏の大会を見ました。一度、向こうでテストを受けてみませんか？」

ＮＰＢ（日本野球機構）とは関係のない、アメリカの球団と日本の選手を仲介する代理人がアメリカのメジャーリーグを含む数球団のスカウトの前で一斉テストを行うから、それに参加しないかと言ってきたのだ。

正直な話、ピンと来なかった。プロ野球選手になりたいとは思っていた。でも、アメリカで野球をやるとは考えたこともなかった。まして、それまで海外に行ったこともない。ただ、とりあえずといった軽い気持ちで、受験することを決めた。

すでに11月に入っていたと思う。受験は年明け1月、この辺の記憶はあいまいだが、テスト本番まで1か月あるかないかの時期だった。「とりあえず」と言ったのは、「合格するはずがない、腕試しのつもりで」という、本当に軽い気持ちからだった。

今度こそ、走り込みの練習を再開した。1人で家のまわりをランニングし、近くの坂道でダッシュ運動をするなど、自分なりにできる準備はやってみた。夏の大会に向けて本気で努力した期間が、少しは僕を強くしてくれたと思う。

また、安達監督の期待を裏切ってしまった引け目のようなものもあった。自分を変える最後のチャンスともとらえていた。

初めての海外。不安な面も当然あったが、唯一救いだったのは、待ち合わせのアメリカの空港で1人の日本人高校生と落ち合う予定になっていたことだった。のちに中日ドラゴンズに入団する、三重高校の清水昭信《あきのぶ》投手だ。同じ代理人に声をかけられ、彼は関西空港からアメリカにやってきた。

同い年の清水投手とどういう会話を交《か》わしたのか、詳細は覚えていない。でも、明るく穏やかないいやつで、すぐに打ち解けることができた。彼がいてくれたおかげで、気持ちの部分ではだいぶラクになれた。

テストはアメリカ南西部のアリゾナ州にある大学のグラウンドにて、清水投手と2人で行われた。数球団のスカウトが集まっている中、ピッチングを披露する。スカウトはそれを見て、その場で獲得するかどうかを決めるという、ごくごくシンプルなものだった。

マウンドに立ち、わけもわからないまま、ただ全力で投げた。すると、結果は予想外のものだった。いくつかの球団が声をかけてくれたのだ。こちらがビックリしていると、さらにその場で「契約するか、しないかを返事してくれ」と言う。これには驚かされた。

「大事なことなので僕の一存で決められません。家族やまわりの人とも相談したいし……」

そう返答したとき、「待つ」という姿勢を示してくれたのが、アリゾナ・ダイヤモンドバックスだった。大学か、ダイヤモンドバックスか。帰国後、両親や兄、そして、菅沼先生にも相談し、ダイヤモンドバックスに決めた。国士舘大学には入学手続きをすませていたため、仲介してくださった菅沼先生にもご迷惑をかけてしまったが、ダイヤモンドバックスと天秤《てんびん》にかけて考えたとき、部活動の厳しい縦社会の中に入って、また1年生からやり直すのには少し抵抗があった。なによりも、プロ野球選手という夢が叶《かな》うとの思いもあった。マイナー契約とはいえ、れっきとしたプロ野球選手だ。

海外でプレーすることは、決して簡単ではない。でも、プロ組織の一員になって指導してもらったほうが、もっと野球がうまくなれるのではないかという考えもあった。

前向きになれた。一度は自ら足を踏み外し、暗闇に包まれていた野球道が、再び光に照らし出されたような思いがした。

チームでただ1人の日本人選手

アメリカのルーキーリーグで学んだ約4年間は、のちのプロ野球人生において、いろいろと役立つものがあった。もっとも、そう思えるようになったのは、ジャイアンツに入団し、一軍の戦力となって、自分自身を客観的に見ることができてからだった。アメリカに渡ったばかりの僕は無我夢中だった。いや、自分のことだけで精一杯だったと思う。

でも、その経験は僕をゆっくりとだが、確実に強くしてくれたと思っている。

アメリカで野球をやると決めてから、最初に準備したのは、英語だ。いちおう、英会話の塾に通った。「いちおう」と言ったのは、結局、日常会話すらままならない程度の英語力しか身につかなかったからだ。

それは、教える側にはまったく問題はなく、教わる側の僕に原因があったのだが、当時は「行けば、どうにかなるさ」と安易にとらえていた。

そのころ、イメージしていた目標はメジャーリーガーだった。アメリカに挑戦するからには、世界最高峰のベースボールステージに上り詰めてみたいと思った。そして、自分の中で「4年間、挑戦してみる」と期限を決めた。4年間、つまり、大学に進んだのと同じ4年間で、どこまで自分が成長できるのか、試してみたい。4年後の自分がどうなっているのかをしっかり見極めようと思っていた。

日本のプロ野球から海外フリーエージェント権を行使するか、ポスティングシステムを利用して挑戦する選手は、就労ビザの手続きや住居の手配はすべて代理人がやってくれる。ほとんどの場合、通訳もつくから、英会話ができなくてもプレーに影響が及ぶことはない。

でも、僕のように最底辺のルーキーリーグからスタートする者は違う。住居は、これからお世話になるダイヤモンドバックス傘下《さんか》の「ミズーラ・オスプレイ」が手配してくれたホテルに入ることが決まっていた。

それ以外の手続きは、自分でやらなければならない。

まず、申請する書類だが、正直に「わかりません、教えてください」と、通っていた英会話塾の先生に言って、お手伝いしてもらった。そして、先生に「提出するもの」と「自分自身で持っていなければならないもの」を区別してもらい、なんとか代理人に書類一式を持っていけるまで整えることができた。僕に現地テストを勧めてくれた代理人はアリゾナ在住の日本人だったので、手続きだけではなく、渡米後にも親身になってくれた。

当初、球団が用意してくれたホテルに入った。チームメイトは日本人ではないので、言葉が通じない。加えて、薄暗い部屋の中にいると憂鬱《ゆううつ》になってきて、ホームシックにもかかりそうになった。そこで、代理人に相談し、知人のお宅に居候《いそうろう》させてもらえることになり、そのお宅の方が仕事に向かうついでに、車で球場まで送っていただいた。

最初に迎えたのはアリゾナでのスプリングキャンプだった。練習開始は午前7時ごろ。着替えたら決められた準備運動、トレーニングをこなし、グラウンドに出る。ウォーミングアップ、キャッチボール、ノック、そして、ピッチング練習をして、食事を摂《と》る。食事といっても軽食で、食パンにピーナッツバターを塗《ぬ》ったものと、チキンなど。食後にウエイトトレーニングをやって、終了。正午前後には球場を出ていた。

帰りは居候先に電話をし、迎えに来てもらった。そのお宅には幼稚園か小学校の低学年くらいのお子さんが2人いて、帰宅後は子どもたちと一緒にプールに遊びに行っていた。子どもたちと遊ぶことがなかったら、本当にホームシックになっていたと思う。

チームの様子についても、お伝えしておきたい。ルーキーリーグなのに、みんな体が大きく、ゴッツイ感じの人たちばかりだった。そんなやつらが30人くらいいて、うち半分が投手。日本人は僕1人、韓国出身の選手はいたと思うが、日本人の選手を獲《と》ったのは、初めてのことだったそうだ。

野手のフリーバッティングを見ているときにとくに思ったが、本当にパワーがあった。打球の飛距離と飛んでいくスピードが違った。また、パワーがない選手でも、とんでもなく足が速かったり、超人的に肩が強かったりと、一芸に秀《ひい》でている選手の集まりだった。

そしてピッチャーも、コントロールは決して良くないが、とにかく球がめちゃくちゃ速い。僕も高校時代に140キロを出したことがあり、スピードには多少の自信があったが、比較にならないぐらいみんな速かった。

ルーキーリーグでの指導者は元NPB選手

「この中に入ったら、俺の実力なんて、いちばん下じゃん」

そうした挫折感《ざせつかん》というものを、初めて経験した。それまでは練習をそれほどやらなくても、ある程度はできたのだが、レベルの違いを痛感させられた。

ただ、どういうわけか、失望や絶望といったものはなかった。

「自分よりすごい選手ばかりのところに身を置くことができているんだから、練習をきっちりやって少しでも追いつきたい。もっともっとうまくなりたい」

と、むしろ、前向きになれた。

一緒にテストを受けた清水昭信投手は、もうアメリカにはいなかった。彼は日本の名城《めいじょう》大学に進んで、06年のドラフト会議で中日に指名されるのだが、彼と一緒であれば、アメリカでのすごし方は大きく変わっていたと思う。言葉が通じないのは、想像していた以上に大変だったのだ。

まず、会話ができない。英語圏の選手と、スペイン語を母国語とする南米の選手ばかりだったので、日本から持ち込んだ電子辞書を常に持ち歩いていた。なにか聞きたいことがあったら、日本語を打ち込み、それを英語に変換して見せるというのを繰り返していた。

でも、グラウンドには電子辞書を持ち込めない。ノックや投内連係の練習をするときは、先にやった人のプレーを見て、マネをする。同じことをやればいいんだと思ってこなしていた。

技術的なアドバイスを受けるときも苦労した。基本的に野球の会話をしているので、なんとなく、「さっきのあのプレーのことを言っているんだな」というのは理解できた。

親切なチームメイトもいて、ノックの順番待ちのとき、簡単な英語で、「こうすればいいんだよ」と教えてくれる人もいた。

うれしいこともあった。

「コンニチハ〜」

監督、コーチたちが僕に必ずそう挨拶《あいさつ》してくれた。というのも、ミズーラ・オスプレイの監督は、日本のヤクルトスワローズ、読売ジャイアンツでも活躍したジャック・ハウエルさんだったのだ。さらに、ピッチングコーチのダン・カールソンさんは、中日に在籍されたことがあり、バッティングコーチもジャイアンツに在籍したことのあるヘクター・デラクルーズさんだった。日本のプロ野球界を経験された方たちなので、初めての日本人である僕のことを気にかけてくれたのだ。彼らの「コンニチハ〜」を聞くだけでも安心するというか、ホッとした。異国で野球をするメンタル面での苦労を知る人たちならではの優

アメリカのミズーラ・オズプレイ時代の仲間たちと撮影した写真。前列右から2人目の16番がジャック・ハウエル監督（元ヤクルト、巨人）、その左がダン・カールソンコーチ（元中日）、右端の15番がヘクター・デラクルーズコーチ（元巨人）。著者は、後ろから2列目の左から3人目。

試合前に投げ込みを行う著者。見守っているのは、「ビーフ」の愛称で呼ばれていた投手コーチ。

しさ、気配りには、今でも本当に感謝している。

とはいえ、野手たちのフリーバッティング中、外野守備を手伝っていて、フッと空を見上げると、飛行機が目に入ってくるときもある。

「あれに乗って帰りたいなあ」と考えてしまうこともあった。

でも、本当に逃げ出そうとは思わなかった。練習もサボりがちだった中学、高校当時のままだったら、適当な言い訳を見つけて帰国していたかもしれない。

大学進学か、ルーキーリーグかの進路選択に悩んでいたとき、アメリカでの挑戦を選択したのは僕自身だった。両親、知人、恩師に助言を求め、そんな最終判断を下したとき、両親は僕にこう言って背中を押してくれた。

「英語を覚えるだけでもプラスになるんだから、向こうに行くだけでいい経験になるよ。もしダメでも、日本に帰ってくればいいだけだろ」

両親は「ああしろ、こうしろ」と押しつけることは言わなかった。

逃げるだけではなにも変わらないことは、高校3年の夏の大会後に学んだ。自主練習をサボってドラフト会議での指名の可能性をふいにしたのは、僕自身の弱さだ。アメリカでのテスト受験は、軽い気持ちでの挑戦だったかもしれないが、一歩踏み出せばなにかが変わるということ、つらいことがあっても踏ん張って、今の自分の全力を出しきれば、これまでとは違う成果が得られることもわかり始めていた。

また、ストレスともじょうずに付き合えるようになった。言葉の壁はすぐには解消できるものではない。でも、ハウエル監督をはじめ、首脳陣が気を遣《つか》ってくれた。チームメイトも、僕が練習でなにを指示されたのかわからないでいるとき、身振り手振りで教えてくれた。日本の仲間とメールのやりとりをし、電話連絡も入れていた。日本語でのやりとりは楽しいだけではなく、ストレスの発散にもなった。

もっとも、当時はまだスマホのない時代だったため、アメリカからメールを打つには大型のパソコンを使い、国際電話をかけるときもプリペイドカードを買わなければならなかったが。

ちなみに、球団からの給料は、月に2回支払われていた。振り込みで、1回が500ドル。当時のレートだと約5、6万円なので、月に10万円以上はもらっていた計算になる。遠征先に行くと、1日20ドルのミールマネー（食事代）も支給された。ルーキーリーグは田舎《いなか》で試合をするので、夜遅いと、食事のできるお店が営業していない。だから、みんなでピザを注文して食べたりしていた。お金が足りないということはなかった。

そうした生活の中で購入したプリペイドカードで、日本の友人に電話する。

日本の仲間たちの近況を聞くくらいのやりとりしかできなかったが、気を紛《まぎ》らわすのにはそれでも十分。ストレスを溜《た》め込まないことも、目標を達成するうえで欠かせないもののようだ。

ちなみに、のちにジャイアンツの一員になったとき、僕は試合後の食事では好きなもの、その日に食べたいと思ったものを食べることにしていた。僕なりのストレス解消法がいくつかあったおかげで、長くプレーできたように思う。

試合よりもつらい16時間のバス移動

アメリカのルーキーリーグでの生活をもう少しお話ししたい。

ルーキーリーグの活動は4月のキャンプから始まり、5月に入ったころから実戦形式の練習も行われた。僕のいたダイヤモンドバックス傘下のミズーラ・オスプレイが利用している施設のすぐ近くではコロラド・ロッキーズの、ちょっと離れたところに行けばホワイトソックスの、それぞれルーキーリーグのチームも活動していた。そういった近くのチーム同士で練習試合を行い、6月なかばから9月後半までは、アメリカ北西部にあるモンタナ州のミズーラを本拠地として公式戦が行われた。100試合はなかったと思うが、ほぼ毎日行われていた。

映画『メジャーリーグ』のシリーズでも有名になったが、マイナーリーグのチームの遠征は、本当に厳しい。僕もバスによる16時間の遠征を経験した。

ナイトゲームが終わったら、トレーラーがついているチームのバスに向かう。そのトレーラーがロッカーになっていて、いちおう、シャワー施設も備えつけられていたが、蛇口《じゃぐち》が3つくらいしかなく、

「おい、早くしろよ。お湯がなくなっちゃうだろ」

なんてことを言いながら、順番を争って汗を流していた。

シャワーを浴びたら、そのままバスに乗り、遠征先へ出発する。途中、コンビニエンスストアに立ち寄り、そこで、おのおのが食料を調達する。あとはバスに揺られているだけ。中南米出身の選手たちは後方の座席に集まって、大音量で音楽を流していた。

テレビや映画でもそういうシーンを見たが、本当にそのとおりだった。だから、簡単には寝つけない。こちらはヘッドフォンで好きな音楽を聴いていた。どんな曲を聴いていたかというと、おもにJ-POP。日本にいたときは意味もわからずに洋楽を聴いていたが、アメリカにいると、日本の音楽が聴きたくなるから不思議だ。単に日本語に接したいだけだったのかもしれない。ただ、中南米の選手たちの大音量の音楽を遮《さえぎ》るためでもあったので、曲に聴き入るという感じではなかったが……。

それから、もう1つ。16時間の大遠征なので、睡眠はしっかりとらなければならない。最底辺のルーキーリーグ球団のバスだから、座席は狭く、座り心地《ごこち》も決して良くない。中南米の選手たちが「たくましいなあ」と思ったのは、座席の上のネットで寝たり、床に寝そべってくつろいでいたこと。アメリカ出身の選手たちはやらなかったが、中南米の選手たちが「たくましく」体を休めてくれたおかげで、若干《じゃっかん》だが、2人がけの座席に「空《あ》き」ができる。僕はその2人分を占拠して、窓にもたれながらまどろんでいた。監督、コーチのみなさんも同じバスに同乗していた。日本でも活躍されたハウエル監督はメジャーリーグでもそれなりの成績をおさめたはずだが、そんなことはおくびにも出さない。マイナーリーグの指導者は熱い情熱がなければ務まらないと思う。

中南米のチームメイトのことで、忘れられないエピソードがある。

アドリアーノ・ロサリオというドミニカ共和国出身の17歳の選手がいた。

「17歳以下でも、ルーキーリーグのチームに入団してくる選手がいるんだ」

それくらいにしかとらえていなかったが、彼はしばらくしてチームを離れ、3年目のシーズン、また戻ってきた。すると、なぜか僕よりも年上になっていて、名前もトニー・ペーニャに変わっていた。

「いや、珍しいことじゃないさ」

と、ほかのチームメイトは気にかけなかったが、僕にとっては衝撃的な事件だった。年齢を若くごまかし、いかにも将来性があるように偽《いつわ》るのだそうだ。ペーニャはその後、おもにセットアッパーとしてメジャーで300試合以上に登板した。

衝撃的な事件といえば、本当に身の危険を感じたこともあった。

2年目のキャンプ中、アメリカ人の選手ら5、6人とコンドミニアムをシェアしてすごしていたのだが、ある夜、いきなり数発の銃声が静寂《せいじゃく》を切り裂き、鳴り響いたのだ。「いったい、なにが起こったんだ?」とみんな驚きながら集まってきた。僕はわけもわからず、あわてふためくだけ。危ないと思い、そのまま部屋で息を潜《ひそ》め、翌朝、外に出てみたら、家のドア部分に銃痕《じゅうこん》がいくつも刻まれていた。誰が、なんのためにやったかはわからなかったが、アメリカでは田舎町でもこんなことが起こるんだと不安になった。ルーキーリーグ時代は、一歩間違えれば、命を落とすような危険ともとなり合わせだったわけだ。

こうした劣悪な環境を体験したから、のちにジャイアンツで育成選手になったとき、つらいと思ったことは一度もなかった。二軍施設は、アメリカのマイナーリーグとは比べ物にならないほど整備され、好きなときに好きなだけ練習ができ、清潔な浴室と広いベッドも確保されていた。ジャイアンツが野球に専念できる環境を与えてくれたことには、本当に感謝している。

このようにアメリカでは環境面で苦しんだものの、野球自体は楽しく、また、新鮮でもあった。高校までの野球は全体練習が長かった。精神的に大人になりきれなかった僕は自主練習でつまずいたが、こちらでは、自主練習が当たり前の世界だった。午前中に全体練習が終わり、各自が足りないと思ったら、自発的に練習をやっていた。1人で練習をやるかやらないかの差が、自分の未来を変えていく。僕も早出をしてウエイトトレーニングをやった。練習がいやだなんて思わないし、みんなとの差を埋《う》めるために頑張った。あのころの僕は、素直に、前向きな気持ちで野球に取り組んでいたと思う。

ルーキーリーグは育成が主目的なので、選手をまんべんなく使ってくれる。そのため、中南米の選手たちよりもパワーとスピードで明らかに劣る僕も試合に出られた。ビハインドのゲームでの中継ぎが多かったが、勝ちゲームや、1点を争っている接戦でも、使ってもらえた。相手打者を抑えてピンチを切り抜けたときもあれば、大きな失敗をしてしまったこともある。また、先発陣の一角として起用されたりもした。

教えてくれるコーチもメジャーリーグを経験した方たちであり、ここで頑張っていれば成長できるはずだと確信していた。成功だけではなく、失敗ものちの野球人生の糧《かて》になる。そう考えて、なにが足りなかったのか、どんな技術が劣っていたのかを振り返り、それを補うための練習を積み重ねていこうと心の中で決めていた。

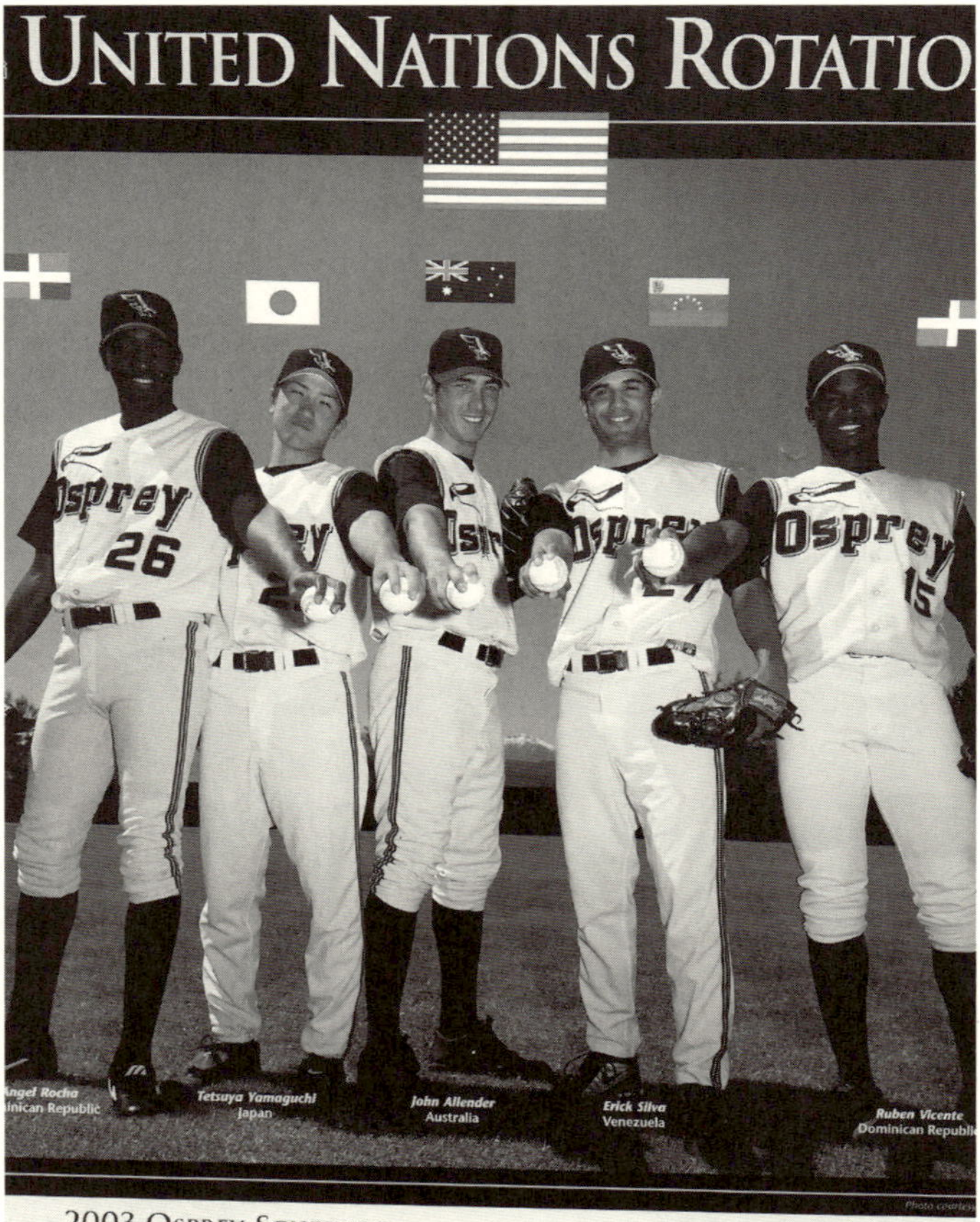

チームの本拠地であるモンタナ州ミズーラの街中で貼られていたポスター。先発投手陣が「United Nations Rotation」(国際連合ローテーション)として紹介されている。両端がドミニカ共和国で、左から日本、オーストラリア、ベネズエラ。もちろん日の丸のところは著者。

メジャーリーガーになった仲間と、僕が昇格を阻《はば》まれた理不尽な理由

ルーキーリーグの活動は、毎年、9月下旬には終了する。アメリカに滞在する期間は約半年ということになるが、残りの半年はなにをしていたかというと、日本に帰ってきて、練習とアルバイトの日々だった。正確にはアルバイトがメインになっていた。

日本の野球組織に属していないので、グラウンドの確保もままならない。練習のパートナーを見つけるのもひと苦労だった。

1人で練習をするとなると、近くの公園でランニングをしたり、壁当てをしたりと限られたメニューしかできない。壁当てといっても、硬球なのでコンクリートの壁にぶつけると、すぐに傷んでしまう。友だちが練習に付き合ってくれることもあったが、彼らは大学や仕事があるので毎日というわけにはいかない。満足のいく練習はなかなかできなかった。それに、ルーキーリーグでの半年間は、日本円にして「月10万円」ほどの給料。蓄《たくわ》えもないので、アルバイトを優先で考えなければならなかった。

帰国中のアルバイトでは、地元の友人の関係で建築現場でも働かせてもらった。肉体労働のハードワークだったが、「トレーニングの一環」と自分に言い聞かせ、重たい資材を率

先して担《かつ》いでいた。それから、同級生のお父さんがやっているコンビニエンスストアでも仕事をさせてもらった。融通《ゆうずう》をきかせていただき、シフトは僕の都合を優先してくれた。そのころからずっと応援してもらい、店内には今でも僕の写真が飾られているそうだ。

友人たちとは久々の再会を楽しんだ。集まって食事をする約束をしたが、財布を持ってこないやつもいれば、500円しか持っていないやつもいた。勝手に飲み食いし、いざ会計になったら、お金を持っている者が「仕方ないなあ」と言いながら、財布を開いていた。仲間たちがいて、帰る場所があるから、またアメリカで頑張ろうという気持ちになれた。

ミズーラ・オスプレイでの3年目(04年)、日本人のチームメイトができた。徳島県の小松島西高校出身の米沢孝祐《よねざわこうすけ》という右ピッチャーで、チームではクローザーを任されることも多かった。日本語で会話できるのは、やはり楽しい。英語だと一度頭の中で考え、整理してからでないとしゃべれない。のちにジャイアンツでプレーするようになってから、ブルペンでは同じリリーフのスコット・マシソンによく話しかけていた。英会話力はたいしたことないが、アメリカでついた度胸と、彼をリラックスさせようという僕なりの配慮だ。

ジャイアンツと言えば、もう1つ。米沢投手がミズーラ・オスプレイに在籍したのは04年の1シーズンだけだった。翌05年のシーズンをどうすごしたのかは当時わからなかったが、のちに聞いたところによると、元巨人のウォーレン・クロマティさんが監督を務めていたサムライ・ベアーズ（アメリカの独立リーグ）に所属していたそうだ。その後、奇《く》しくも、同年秋に僕が受験したジャイアンツの入団テストの場で再会した。ともに1次テストを通過し、最終選考まで残ったが、一緒に入団することは叶わなかった。

チームメイトに関連する話をもう少しすると、このミズーラ・オスプレイで一緒にプレーしていた中には、メジャーリーガーへと出世した選手もいる。記憶に残っているのはミゲール・モンテロとカルロス・ゴンザレスだ。

僕と同い年で同期入団でもあるモンテロのポジションはキャッチャー。当時、僕もボールを受けてもらっている。彼は、1A、2A、3Aと昇格していき、06年にダイヤモンドバックスでメジャーデビューを果たした。打力もあるタイプで、11、14年にはオールスターゲームのメンバーにも選ばれている。その後、数球団を渡り歩き、ワシントン・ナショナルズに在籍したのを最後に、僕と同じ18年シーズンいっぱいで引退している。

ゴンザレスは外野手で、左投げ左打ちのスラッガーだ。08年、オークランド・アスレティックスに移籍して、メジャーデビュー。09年には、コロラド・ロッキーズに転じて、以後、同球団で長くプレー。打率も安定しているタイプで、10年には、ナショナル・リーグの首位打者のタイトルを獲得している。強肩・俊足で守備力も高く、ゴールドグラブ賞（日本のゴールデングラブ賞に該当）を3度受賞。オールスターゲーム選出も3回と、チームの看板選手になった。近年、少し力は衰えてきたようだが、19年はクリーブランド・インディアンズで現役を続行している。

この2人は、僕も出場した13年WBC（ワールド・ベースボール・クラシック）のベネズエラ代表メンバーにも入っていた。残念ながらベネズエラは第1ラウンドの予選で敗退。日本と対戦することはなかったが、もし、彼らとグラウンドで再会することができていたら、感慨深いものがあっただろう。

また、スプリングキャンプ中に、あのランディ・ジョンソンに遭遇《そうぐう》したこともあった。本来、トップチームの選手はもういない時期だったが、リハビリかなにかで施設を訪れていたようだった。大柄なアメリカ人の中でもとくに大きくて驚いたことを覚えている。

さて、「このままでいいのか!?」と野球人生を自問自答したのが、05年、ミズーラ・オスプレイでの4年目のシーズンだった。自分で4年間という目標を立てて、アメリカに挑戦した。これは、前述したように大学に進んだとの同じ4年間でどこまで成長できるのかと考えたからだ。同時に、3年間も続けてルーキーリーグから抜け出せなかったことで、焦《しょう》燥感《そうかん》も募《つの》っていた。というのも、通常、ルーキーリーグに在籍するのは1年か2年。たいていの選手はそこで認められ昇格していくか、ダメなら待っているのは「解雇」のみ。

メジャーリーグの下には、マイナーリーグがあり、それはいくつかの階層に分かれている。上のレベルから言うと、3A、2A、1A。さらに、1Aは2つに分かれていて、1Aの中の下の部類としてショートシーズンというカテゴリーもある。ルーキーリーグはそのさらに下という位置づけ。つまり、ルーキーリーグからメジャーまで行くにはいくつものステップを越えなければいけない。一緒にプレーした選手の中には、すでに2Aまで昇格している者もいた。僕は解雇もされず、昇格もないという宙ぶらりんな状態にあり、「このままでいいのか」「本当に大丈夫なのか」と気をもんでいた。

そんな不安な思いをいだいていた4年目のシーズンのキャンプの途中だった。まだ実戦練習も始まっていない時期だったが、「1Aに昇格だ」と、声をかけられた。うれしかった。命じられるまま、すぐに1Aのグラウンド施設に移動。「さあ、これからだ」と意気込んでいた。ところが、わずか数日で「ルーキーリーグへの降格」を通達されたのだ。納得がいかなかった。まだ、なにもしていないのに……。

チームスタッフに聞くと、こんな答えが返ってきた。

「メジャーリーグに昇格できなかった選手や3Aのベテランが、1Aに落ちてきたんだ。その選手たちの枠を作らなければならないから、ルーキーリーグに戻ってほしい」

理屈にはなっていた。でも、ダイヤモンドバックスというトップチームの事情が重なって、下部チームの選手編成まで影響が出るとなると、僕にとってメジャーリーグ昇格は、果てしない夢のように思えてきた。このままやっていても、メジャーになんて到底行けない。それどころか、2A、3Aにすら上がれないんじゃないか……。

急に危機感が生まれ、すぐさま代理人に連絡をとった。

「正直なところ、今の僕はどんな評価なんでしょうか？」

事情を知った代理人も球団に確認してくれた。でも、僕の前で首を傾《かし》げるだけだった。

「上（1A以上）はベテランが詰まっているから、もう少しルーキーリーグでやってくれと言うんだ」

昇格の可能性があるのかどうか……。もう一度、冷静になって考え直してみたが、このままルーキーリーグで我慢していても、その先、昇格の声はかかりそうにないと思った。4年目の今季が終了して解雇という可能性だって、ゼロではない。

高校を卒業してからの4年間は大きい。

22歳の大学生なら、日本のプロ野球チームに入団するときは「即戦力」という見方もされる。その年齢になってもルーキーリーグから抜け出せるとは限らず、同時にこれから先、もっと若い年齢の選手が入ってくると思うと、居ても立ってもいられなくなった。

「日本に帰ります。日本でプロテストを受けて……」

ルーキーリーグの公式戦は6月には始まる。でも、僕はその前に帰国することを球団に申し出た。チャンスは年齢を重ねるごとにしぼんでいく。日本でプロテストを受けて、ダメならそこで野球に区切りをつけよう。そう決心した。

こんなやめ方をしたものの、アメリカですごした時間と得た経験は、のちの野球人生の大きな糧《かて》となった。アメリカの素晴らしい仲間たちと野球を続けられた。ホームステイ先のご家族にも本当にお世話になった。また、アメリカにいて、のんびり屋ですぐにつらい練習から逃げ出す僕でも、おのずとハングリー精神のようなものが身についたと思う。帰国すると決心できたのも、その証拠だろう。でなければ、ルーキーリーグという環境に甘え、解雇を通達されるまで、のうのうとすごしていたはずだ。

練習への姿勢も変わった。高校時代までは全体練習が終わったら、真っ先に帰宅していた僕が、1人でどれだけ練習するか、どんな練習をするかと考え、実行できるようになった。また、実戦を積み重ねていく中で、応用力のようなものも習得した。というのも、アメリカの野球場のマウンドは固い。スパイクの歯が地面に刺さらないで滑るような感覚を覚えたときもあった。グラウンド整備の行き届いていない球場も多かった。劣悪な環境に耐えたというよりも、例えば固いマウンドに立ったら、それに適する投げ方をした。ジャイアンツに入ってからも、12球団の本拠地ごとにマウンドの固さや高さの違いを感じたが、各球場のマウンドに適応する投げ方を見つけるという柔軟な対応が自然とできた。これも、アメリカで鍛えられたおかげだと思う。

退路は断《た》った。入団テストを受けられるアテがあるわけでもなかったが、僕は挑戦することを決めた。

たった1人で受験した入団テスト

スポーツメディアが報じるところによれば、日本のプロ野球のレベルは、メジャーリーグと3Aの中間、ファームは3Aと2Aのあいだくらいだという。

1A昇格のことで揉《も》めていたレベルなので、日本のプロ野球チームの入団テストに合格する自信なんかなかった。でも、ケジメをつける意味でもプロ入団テストを受験したいと思った。それを受けるためにはどうすればいいのか、まったくわからなかったが、なんとかして受けたいという気持ちは強かった。そして、不合格ならば、別の仕事につけばいい。帰国中にアルバイトをさせてくれた友人に相談して、建築関係の仕事につこうと思っていた。

05年のルーキーリーグ開幕前に帰国してすぐ、兄が母校のY校こと横浜商業高校の先輩である、横浜（現横浜DeNA）ベイスターズの関係者に連絡をとってくれた。

ありがたいことに、入団テストを設けてもいいという返事をもらった。うれしかった。そこからは毎日、地元の友だちに手伝ってもらいながら、練習を続けた。夜は友だちのお父さんのコンビニエンスストアで働かせてもらい、午前中から夕方くらいまでは、みっちり練習した。グラウンドが確保できない日もあったが、できることは全部やろうと思った。

最後のチャンスだ。悔いだけは残したくなかった。

ベイスターズでの入団テストは横須賀《よこすか》球場で行われた。指定された時間に行くと、ファームの選手たちがすでに練習を行っていた。投球練習を行っているピッチャーのほうに目をやった。僕の想像していた以上のレベルだった。それでも、今、僕が持っている力をすべて出しきって、アピールするしかない。気持ちを落ち着かせ、無心でボールを投げ続けた。

でも、結果は望むものではなかった。とくに具体的なことは言われず、「残念だけど」のひと言だけで、不合格を告げられた。

ところが、打ちひしがれる僕に救いの手を差し伸べてくれた方がいた。当時、横浜ベイスターズの国際・編成部長をされていた亀井進さんだ。初老で温厚な亀井さんは、ベイスターズのテストに不合格となったあと、わざわざ連絡をくださり、次のようにおっしゃった。

「うちでは獲《と》れないんだけど、もったいないから楽天のテストを受けてみないか」

閉ざされた日本のプロ球界への道に再び光が差してきた喜び。それと同時に、戸惑いもあった。というのも、亀井さんはベイスターズのスタッフだ。それも要職につかれていたので、他球団のテストを勧めてくださったことに、ちょっと驚いてしまった。

「まだわからない。左投げだし、必要としてくれる球団はあるかもしれないぞ」

そのように考えてくれた亀井さんは、すぐに東北楽天の関係者の方に連絡をとってくださり、僕のことを紹介してくれた。そして、テストへの参加が許された。

楽天の入団テストは、イメージしていたとおりの一般的なものだった。臨時で僕1人を見てくださったベイスターズのときとは異なり、大勢の学生、社会人が参加。僕もその1人というわけだが、ダッシュや遠投、ピッチングなども含めた1次試験は通過できた。

後日、実戦形式でのテストが行われた。対戦バッターはおそらく、ファームの選手だろう。その選手を相手に何球かを投じたのだが、ボールは快音を残して天高く舞い上がっていき、振り向いたら、スタンドに飛び込んでいった。

「あぁ、やっぱりダメだな……」

マウンドで小さく口走ったことが「現実」となった。結果は不合格。

でも、「ご縁」とは不思議なものだ。この実戦登板をする直前、ブルペンで僕のボールを受けてくださったのが、当時、楽天の現役選手の野村克則《かつのり》さん（元東京ヤクルトなど。現東北楽天二軍バッテリー兼守備作戦コーチ）だった。野村さんとはのちにジャイアンツで一緒になり、二軍バッテリーコーチとしてもいろいろ面倒を見ていただいた。まさか、このときは同じジャイアンツの一員になるとは思わなかったが。

「すごくいいぞ。自信を持っていけよ」

野村さんはそう言って、僕をマウンドに送り出してくれた。野村さんのひと言には、本当に勇気づけられた。自分では及第点のピッチングができたと思った。それでも不合格なら仕方ない。今度は、こちらから亀井さんに連絡を入れた。結果の報告と、ここまでお世話になったお礼を伝えるためだ。

僕は2球団のテストに落ち、プロ野球の世界に入るのは無理だと、完全にあきらめていた。でも、亀井さんは違った。

「左ピッチャーなんだし、必要としてくれる球団はあると思うよ」

と、言葉は優しく、でも励《はげ》ましているというよりは、喝《かつ》を入れているようだった。

亀井さんが次に勧めてくれたのは読売ジャイアンツだった。

05年9月18日に実施されたジャイアンツのテストは一般の方でも参加でき、1次テストは50メートルダッシュ、遠投のテスト、ブルペンでのピッチングといったものだった。これに合格を告げられた者だけで、10月26日に実戦形式でのテストに臨むことになっていた。

横浜、東北楽天のテストでダメだったのに、もっと選手層の厚いと思われるジャイアンツで受かるはずはない。「たぶんダメだろうな」と、なかば、あきらめていた。でも、それが良い意味での開き直りにつながった。

「当てちゃったらどうしよう」ではなく、「1人か2人ぶつけたっていいや」と、そのくらいの気持ちになれた。キャッチャーから要求された球種を、コースを狙《ねら》ってしっかりと投げ分けるという考えは捨て、とにかく全力で腕を振って投げ続けた。

アメリカでは最速92マイル（約147キロ）、普段でも88マイル（約140キロ）くらいは出ていたが、時期的なこともあり、球速は130キロ台だった。

この実戦形式のテストの内容ははっきり覚えていないが、確かヒットは打たれなかったと思う。それでも、手ごたえなんてなかった。ジャイアンツが入団テストで選手を獲得したという話はあまり聞いたことがなかったからだ。とにかく、あとは合否の連絡を待つだけだった。

そして、これも正確な日時の記憶はないが、ジャイアンツから連絡が入った。

「今年から育成選手枠ができる。それでも良ければ、うちに来てほしい」

「よろしくお願いします！」

即答した。合格だ！　でも、育成選手って、なんだろう……。

育成選手枠のことは聞き直さなかったが、ジャイアンツに入れるんだということだけで十分だった。家族にも合格を報告した。

「よくわからないけど、育成枠というやつでジャイアンツに入れることになったから」

家族も育成選手枠について聞いてくることはなく、家族はもちろん、練習をサポートしてくれた友人たち、そして、アルバイト先でお世話になった方々も喜んでくれた。とくに、父親はジャイアンツファンだったので、本当にうれしそうだった。

05年12月1日。プロ野球実行委員会で育成選手制度の導入が正式決定し、その日に行われた育成選手選択会議でジャイアンツから指名された。僕はその制度の一期生ということになる。球団関係者から電話連絡が来て、プロ野球選手になったことを実感した。

いや、アメリカ時代もプロ野球選手ではあったのだが、やはり生まれた国である日本でプロになるのは、また別の感慨深さがあった。

挫折ばかりだったこんな僕を拾ってくれたジャイアンツには感謝している。野球を続けるチャンスをいただけた感激は、一生忘れない。

憧《あこが》れだったプロ野球界の一員になれた。夢が叶うという喜びは、素直に「うれしい」の言葉しか出ない。このときの感激があったから、僕はジャイアンツというチームを愛し、頑張ることができたのだと思う。

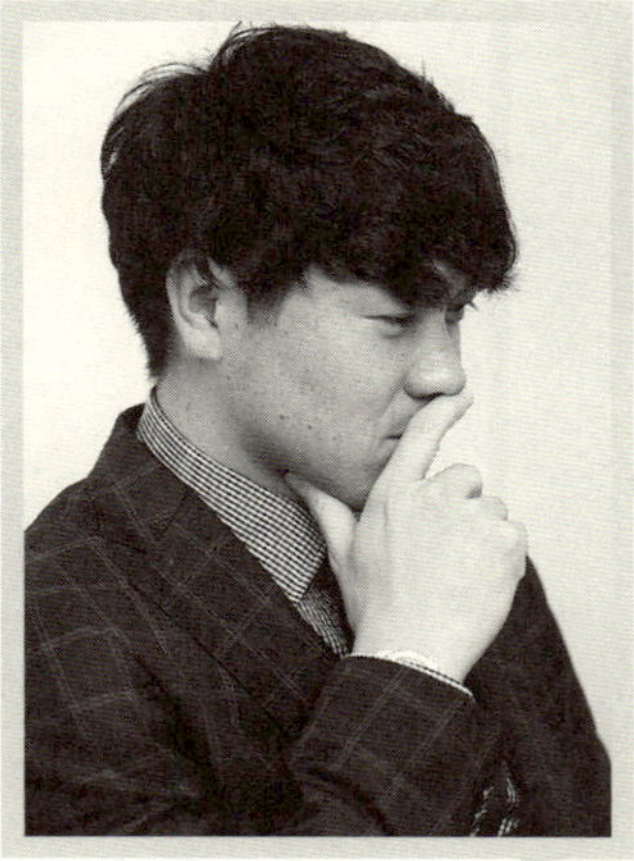

第3章

苦闘と栄光

～巨人の最底辺から、胴上げ投手、日本記録へ～

最底辺からスタートした日本でのプロ野球人生

２００５年12月1日の第1回育成選手選択会議で、ジャイアンツが指名した育成選手は僕だけだった。したがって、育成選手に割り当てられる3ケタの背番号をつけた選手も、僕1人しかいない。その背番号は、１０２だった。

ちなみに、この05年の通常のドラフトは、10月3日開催の「高校生選択会議」と、11月18日開催の「大学生・社会人ほか選択会議」の2部に分かれていた。ジャイアンツの高校生1位指名は、その年の夏の甲子園などで活躍した、僕と同じサウスポーの辻内崇伸《つじうちたかのぶ》（大阪桐蔭《とういん》高校）で、背番号は15。大学・社会人ドラフトは、希望入団枠で僕と同い年の福田聡志《さとし》（東北福祉大学）が指名され、背番号は22となった。

僕は育成選手という立場だったが、練習、施設利用などにおいてほかの二軍選手と差別されたことは一度もなかった。そして、幸いだったのは、小谷正勝《こたにただかつ》さん（現巨人巡回投手コーチ）が二軍投手コーチとして、ファームを指導されていたことだろう。

小谷さんが入団テストで僕を見て、強く推《お》してくださったと、のちに聞いている。小谷さんはホエールズ時代の横浜大洋や、東京ヤクルト、千葉ロッテマリーンズを渡り歩き、大

2005年12月に行われた新入団会見。新人10人の中で唯一の育成枠の著者は、後列の右端。

勢の一流投手を育て上げた名コーチだ。

その的確でわかりやすい指導には感謝している。また、他球団のエース級のピッチャーたちが「今の自分があるのは、小谷さんのおかげ」と話しているのも今となっては知っている。でも、二軍コーチと育成選手として出会った当時の印象で言えば、「ちょっと、怖《こわ》かったな」というのが本音だ。

ノックバットを片手に、「ほら、早く行け！」なんて選手を怒鳴り、厳しい目をいつも向けていたように記憶している。その小谷さんが僕に浴びせた言葉も強烈だった。

「お前はまわりとは違うんだから、人よりも多く練習をして、いちばん最後に帰りなさい」

本当に、重要なアドバイスだったと思っている。育成選手に限らず、プロ野球チームにドラフトで指名され、ユニフォームに袖《そで》を通した瞬間、満足してしまう選手も多い。プロ入りはスタートでしかないのに、ゴールと勘違いしてしまうのだ。小谷さんは、その勘違いをさせないため、しっかりと釘《くぎ》を刺してくれた。

小谷さんの指導は、独特だった。まず事細かに「ああしろ、こうしろ」とは言わない。投球練習をしているときは、ピッチャーの後方でジッと見ている。無言で、とにかくよく観察していた。コーチには自身が学び得たもの、持論などを選手に当てはめようとするタイプの人が少なくないが、小谷さんはその正反対だった。ジッと見ていて、各ピッチャーの特徴をインプットし、短い言葉でピンポイントにその箇所を指してアドバイスされていた。

「ちょっとヒジが下がってないか？」

技巧派、速球派、パワータイプなど、同じピッチャーでも特徴が異なる。同じ技巧派でも右ピッチャー、左ピッチャーがいて、変化球の持ち球が多いタイプもいれば、制球力に活路を見いだすピッチャーもいる。小谷さんは、そのピッチャーがどんなタイプなのかを見極め、アドバイスの送り方も変えていた。

小谷さんが僕にくださったアドバイスは、こうだ。

「まずは、左のワンポイントを目指しなさい。左バッターのいやがることを考えてみなさい」

いきなり、「こうしろ。こうしたら、こんなふうに良くなるから」といった「答え」を言わない。まず、選手に考えさせることが多かった。そのためにはどんな練習をすればいいのかも、同時に考えさせられた。すぐに結論の出ない課題ではあったが、この「考える」という作業が成長につながったのだと思う。少なくとも、僕は「まずは左のワンポイントを目指しなさい」の課題をクリアすることで、リリーフ投手としてプロ野球人生を切り開くことができたのだから……。

さて、その「左のワンポイント」への道だが、試行錯誤の連続だった。そもそも、「左バッターのいやがることを考えなさい」のアドバイスに素直に従ったのは、「壁」にぶちあたっていたからだ。ファームの試合で登板のチャンスをもらったものの、コントロールが定まらず、ストライクを取りにいったところを狙《ねら》い打ちされていた。結果が残せず苦しんでいるときでもあり、このままではプロの世界ではやっていけないと悩んでいた時期でもあった。

小谷さんは、僕にこうも言ってくれた。

「左投げは生きる道がたくさんある。左バッターを1人抑えるだけでも一軍で飯《めし》が食っていけるんだから」

そんなふうに言われると、ますます、「左バッターのいやがる技術」を早く習得したいと思った。最初に考えたのは、マウンドのプレートを踏む位置。「左バッターのいやがること」を自分なりに考えたら、やはり、背中のほうからボールが来る軌道だと思った。そのために、プレートを踏む位置を一塁側に動かしてみた。

学生時代から、プレートはずっと真ん中を踏んでいた。ホームベースの真正面に位置することが基本だと思っていたからだ。でも、プロの世界にいると、それだけでは通用しない。小谷さんに指摘されたように、僕は最底辺の育成選手。このままでは支配下登録を勝ち取って、一軍で登板することはできない。だから、プレートを踏む位置を変えることにも抵抗がなかったのだが、それだけではうまくいかなかった。

実際に左打ちのバッターと対戦するときにプレートの一塁側のほうに軸足をずらして投

げてみたが、それだけでは、相手がいやがっているような感じは見受けられなかった。でも、頭の中では左バッターの背中からストライクゾーンに行くボールの軌道はイメージできていた。そこで、そのイメージに近づけるため、次に着手したのは、腕の振り方だった。

僕はいわゆるオーバースローに近い腕の振り方をしていた。すると、小谷さんから、「一度、ヒジの位置を下げてみろ」と、アドバイスをいただいた。

ボールをリリースするポイントが低くなり、腕の振り方も横になれば、対戦する左バッターには見えにくくなる。「背中からボールが来るような」というイメージにも近づく。さっそく挑戦してみたが、そんなに簡単なものではなかった。力のない、ヒョロヒョロした球しか投げられなかった。結局、サイドスローは習得できず、断念することになったが、この失敗は、「左バッターのいやがるような」に近づく次のステップにつながったのだ。

「左バッターがいやがることを前提に、お前が投げやすいと思ったところから投げろ」と、小谷さんから再度のアドバイスをいただき、腕を振る角度の試行錯誤が始まった。

サイドスローまで腕を下げると、ボールに威力がない。かといって、元の投げ方ではファーム戦でも通用しない。元の投げ方から少しずつ腕の位置を下げていく。いろいろな高さを試し、スリークォーターになって、ようやく納得のいく腕の高さを見つけられた。

そのあいだの小谷さんは、もう完全に「遠くから見守っているタイプ」だった。僕に対し、なにも言わない日も多かったが、練習を最後まで残ってやっているかどうかを必ず確かめてから、帰宅されていた。グラウンドで試行錯誤の練習に付き合ってくださったのは、香田勲男《こうだいさお》コーチ（現阪神タイガース二軍投手コーチ）だった。

小谷さんからは「お前はまだほかの選手たちと比べて実力がないんだから、同じ練習をして、一緒に引き上げているようじゃ追いつけないぞ」と厳しく言われていたが、もちろんそれなりの気苦労もあったと思う。練習に付き合ってくださった香田コーチも、そうだ。

こうして育てていただいた恩は、絶対に忘れてはならないと思った。

また、ともに一軍を目指すジャイアンツの仲間たちも素晴らしかった。球団が支配下の選手と同じ練習環境を与えてくれただけではなく、仲間たちも1人だけ3ケタの背番号をつけている僕をチームの一員として認めてくれていた。育成選手契約のため、年俸の少ない僕を気づかい、食事に誘ってくれるときは彼らが僕の分まで払ってくれた。

彼らと同じように練習をし、同じ寮に帰る。恵まれているが、小谷さんが「まわりの選手とは違うんだから」と叱《しか》ってくれなければ、育成選手という立場を忘れてしまっただろう。

素晴らしい環境を自分のプロ野球人生のプラスに変えられるかどうか、そのためには常に強い危機意識を持ち続けなければならない。

僕がまだ育成選手としてもがき苦しんでいた06年のプロ野球ペナントレースでは、ジャイアンツの一軍は8月以降順位を落とし、本拠地・東京ドームで開場以来初となる対戦相手（中日）の胴上げを許してしまい、最終的なチーム順位は4位だった。

一軍の試合がまだ遠い夢のように思えた。でも、「左バッターのいやがるような」の課題に向き合い、居残り練習を続けているうちに、早く2ケタの背番号が欲しいという気持ちが募《つの》り、いつか自分にもチャンスがあるかもと思っていた。

ウイニングショットという武器の磨き方

スリークォーターの新しい投球フォームは固まりつつあったが、失ったものもある。それがカーブだ。カーブは中学時代に習得し、自分でも得意な球種と位置づけてきた。でも、ヒジの位置が下がるにつれ、カーブが投げられなくなった。厳密に言うと、思うような軌道で曲がらなくなってしまったのだ。

しかし、悲観的にはならなかった。カーブが投げられないのなら、別の球種を覚えればいいと前向きになれた。それよりも「左バッターのいやがるような」の課題を自分なりにクリアした喜びのほうが大きかった。育成選手とはいえ、ジャイアンツの一員となってからというもの、変化球に対する考え方も少し変わった。僕は新しくスライダーを習得しようと思った。

そのスライダーも、ウイニングショットとして通用するようになるまで試行錯誤があった。習得前の段階では「大きく曲げたい」と思っていた。とりあえず、投げられるというレベルとなってから、実戦でも使ってみた。でも、相手バッターはバットを出してくれない。また、狙ったところにもコントロールできないでいた。なぜ、通用しないのかを自分なりに考えてみた。それを思い悩んでいるうちに、発想が変わった。

だったら、ストレートと同じか、それに近い腕の振りで投げてみよう。曲がり幅が小さくても鋭角に曲がるのならば、相手バッターの打ち損じを誘えるのでは――。

スライダーの曲がり幅ではなく、なぜ相手バッターに見極められるかを突き詰め、発想を変えたのだ。このように柔軟に考えられるようになったのは、アメリカの整備が行き届いていないマウンドに適応しようとした経験が大きい。遠回りしたとしても、そのあいだにしか得られないものもある。また、小谷さんに「考えること」を教えていただいたからだろう。

知識と経験を伝授してくれた工藤公康《きみやす》さん

育成選手とはいえ、ジャイアンツのユニフォームを着て初めてのシーズン。この06年の成績はイースタン・リーグで25試合に登板し、22回3分の1で2勝1敗、防御率1・61。四死球15。四死球の多さは課題だが、自分ではまずまずの成績を残せたと思った。

さらに転機になったのは、その06年シーズン後のオフだった。ファームの施設で練習していたところ、当時ジャイアンツに所属していて（07年から横浜へ移籍）、たまたま同じ施設にいた大ベテランの工藤公康《きみやす》さん（現福岡ソフトバンクホークス監督）がアメリカ・アリゾナで行う07年初頭の自主トレに誘ってくださったのだ。

この自主トレは、なにからなにまで新鮮で貴重な経験となった。トレーニングそのものも厳しかったが、野球、ピッチング、体調管理などに関する「講義」も拝聴することができた。その一例が、ピッチングに関するメカニズムだ。

「腕はあとからついてくるだけで、下半身、股関節《こかんせつ》を使って投げるんだ」

工藤さんはそう教えてくれた。また、体はただ鍛えるだけでなく、「どの箇所を鍛えて、どう使うと、ピッチングのこういう部分に反映されるのか、そういうトレーニングに対する意識を持て」と。いつでも野球のことを考えているという、私生活での心構えにも驚かされた。食事の時間になるなり、工藤さんの「講義」が始まる。

そのあと、工藤さんは専属トレーナーのマッサージを受けるのだが、そのあいだもずっといろいろな話をしてくれた。アリゾナではキャッチボール程度しかできなかったが、日本に帰ってきて、下半身、股関節を使うという意識で投げ込んでみて、自分のピッチングの変化を実感した。

ジャイアンツには、自身の知識、経験を惜しみなく後輩に伝授してくれる先輩がいた。

ついに支配下登録へ

前述したように、ルーキーイヤー（06年）の成績は、二軍でのものとはいえ、自分でもそれなりに手ごたえを感じていた。

「これだったら、支配下選手登録をしてもらえるかもしれない」

オフのあいだに話があるのではないかと、内心では、かなり期待していた。また、新聞やスポーツメディアも支配下登録の可能性を報じていた。

でも、僕の3ケタの背番号の卒業は、少しだけ待たされた。そして、それは突然やってきた。07年4月23日、ペナントレースが始まって1か月がたとうとしているときだった。

実は前日（22日）、ファーム戦の遠征があり、その帰りのバスに揺られていたら、球団スタッフから電話が入っていた。

「明日、球団事務所に行け」

息を飲んだ。来《きた》るべき日が来たと思った。その球団スタッフは、

「お前、なにかやったのか？ クビかもしれないぞ」

と、茶化《ちゃか》してきた。はっきりとは言ってくれなかった。

それで23日、指示された時間帯に球団事務所に向かったのだ。オフィスに入るなり、職員の方たちが「おめでとう」と言って、拍手をしてくれた。まだなにも言われていなかったが、確信した。鼓動が高鳴り、ワクワクしながら呼ばれた部屋のドアをあけた。

「支配下にするから」

「ありがとうございます！」

球団の方の言葉に、礼を述べた。心の底から、うれしさがこみ上げてきた。ここまで支えてくれた家族、友人、お世話になった方々、いろいろな人に電話で報告をした。みんなから返ってきた「おめでとう」の言葉が胸に染《し》みわたった。

背番号も、ようやく2ケタを選べる。これは「99」に決めた。球団の方たちと支配下登録による再契約金や年俸の話もされた。そのまま、球団事務所内で会見が行われ、背番号に関する質問を受け、当時の僕はこう答えている。

「99はあとがない番号と思って、一軍を目指して頑張りたいと思います」

ようやく本当の意味でのプロ野球選手のスタートラインに立った気がした。

ただ、僕の最終的な目標はあくまで一軍戦力となって活躍し、拾ってくれたジャイアンツと支えてくださった家族、知人らに恩返しをすること。支配下登録は通過点なのだ。

そんな思いの「支配下登録＝一軍戦力」は、まもなく現実となる。

支配下登録の会見から4日後の07年4月27日、僕は一軍の試合出場登録を受けた。そして同29日、神宮球場で行われた東京ヤクルト戦が、デビューマウンドとなった。

一軍に昇格して、まず緊張したのが、今までテレビで見ていたジャイアンツのスター選手、有名選手と顔を合わせたこと。もちろん、そこには原辰徳監督も。新入りであるこちらから挨拶《あいさつ》はさせていただいたが、スター選手の目をまともに見ることができなかった。そして、僕に支給されたユニフォームは少し緩《ゆる》めだった。通常、プロ野球選手のユニフォームは胸囲、ウエストまわり、肩幅などを測って作るオーダーメイドだ。でも、僕の場合は、背番号が育成選手だったときの「102」から「99」に変わったため、球団が出来合いのサイズのものを使い、大至急で間に合わせたのだ。

新しい2ケタの背番号が決まって4日目には一軍登録、6日目には初マウンド。間に合わなくて当然と言えば当然だが、マウンドに上がった瞬間は、サイズの合わないユニフォームのことも忘れてしまうくらい、緊張してしまった。

対戦バッターは、いきなり、4番のアレックス・ラミレス選手（現横浜DeNA監督）。のちにジャイアンツでチームメイトとなったときは頼もしい限りだったが、このときは本

急な昇格でオーダーのユニフォームが間に合わず、既製品で試合に出場した一軍初登板。

当に怖いと思った。

ただ、キャッチャーの阿部慎之助さんのミットを目がけて投げるだけ。支配下選手として投じた初球は、ボール。でも、バックスクリーンの球速表示を見たら、142キロだった。緊張でコントロールが定まらなかったが、シンカーを打ち損じてくれて、ショートゴロ。アウトを1つ取ったところで、ちょっと冷静になれた。

その後、四球で出塁は許したものの、チェンジアップ、スライダーを織りまぜ、なんとか、ゼロに抑えることができた。

試合後、記者団に囲まれて、143キロが出ていたことを知ったが、

「思うところに全然（ボールが）行きませんでした」

と、正直に答えた。

続くプロ2試合目の登板は甲子園球場。僕が投げた直後の9回に逆転し、初勝利をあげることができた。2試合目で初勝利を手にできるなんて、思ってもみなかった。ウイニングボールは実家で大切に保管してもらっている。一生の思い出になるのはわかっていたので、監督付き広報のスタッフに、原監督のサインをもらえるかどうか相談した。

すると、原監督は二つ返事で快諾《かいだく》してくださり、こんな温かいお言葉まで添えてくれた。

〈貴君の野球人生は始まったばかり。ここからがスタート〉

この初勝利で「一軍でずっとやっていきたい」という思いがさらに強くなった。

1年目のオフ、支配下登録が見送られ、ガックリしていたとき、ファームでともに頑張ってきた仲間たちが「見返してやるくらいの気持ちで頑張って、それでダメなら仕方ないじゃん。あきらめるなよ」と、励《はげ》ましてくれた。飾らない、ストレートな言葉が心に響いた。そこから支配下登録、一軍昇格、そして初勝利を勝ち取ったのだ。

ファームの仲間たちは「友」だが、28人（当時）の一軍登録を争う「ライバル」でもある。僕も支配下登録を勝ち取ろうと必死だったが、彼らも一軍昇格を目指し、必死に練習していた。チームが支配下登録できる選手数は70人まで。僕が支配下登録を勝ち取れば、誰かが弾《はじ》き出されることだってある。なのに、お互いに励まし、エールを送り合えるのは、全員が必死に頑張っていて、その姿を見てきたからだろう。だから、仲間の活躍を素直に喜び、絶対につまらない足の引っ張り合いなどしない。結果で勝負する。ジャイアンツとは、そういうチームでもあるのだ。原監督にいただいた言葉を見て、ジャイアンツの仲間たちのためにも、もっと頑張りたいと思った。

そして、この年、チームはセ・リーグ優勝。クライマックスシリーズ（CS）の第2ステージで中日を迎え打ち、僕もマウンドに立って、まずまずのピッチングができた。

でも、チームは敗退。ジャイアンツは、史上初めて、「リーグ優勝したのに日本シリーズに進出できなかったチーム」となってしまった。最後は悔しい思いをしたこともあり、翌年へのさらなる飛躍を誓った。

新たな背番号47で新人王に

ジャイアンツに入って2年目、07年のシーズンを終えたころのこと。原辰徳監督から「来年、背番号変えるから。47で行くぞ」と言われた。47番と言えば、左の好投手というイメージがあって、ジャイアンツの先輩では工藤公康さん、それに、のちのチームメイトで当時は他球団に在籍していた杉内俊哉さん（福岡ダイエー、福岡ソフトバンク時代）も背負っていた番号だ。うれしかったのと同時に「これは汚《けが》せないぞ」と、身が引き締まる思いもした。そして19年からは、同じくサウスポーの吉川光夫へと受け継がれている。

そんな光栄な背番号をつけて臨んだ08年に、新人王を獲《と》ることができた。もちろん、周囲の支えがあってのもの。そして、この年もまた、いろいろなことがあった。春季キャンプでは尾花髙夫《おばなたかお》投手コーチ（元ヤクルト、元横浜監督）がフォームを修正してくれた。毎日、シャドウピッチングをしたり、投げ込みを重ねていく中で無理のない、しっくりとくる投げ方を見つけることができ、球速ももう一段、アップした。

でも、良いことばかりあったわけではない。その年の交流戦で千葉ロッテと対戦したときだった。5月21日、両軍打ち合っての大乱打戦となり、僕も試合終盤ではなく、5回から3番手として登板した。2イニングを無失点に抑えたものの、3イニング目のマウンドで先頭バッターに四球を出したとたん、原監督がベンチを立ち、投手交代を告げた。

試合後、記者団には、

「フォアボールはダメです。勝ったから良かったですが」

と答えたが、その後、監督室に呼ばれた。原監督は厳しい表情でこんな質問をされた。

「(フォアボールは)気持ちの問題か? それとも、技術の問題か?」

「技術の問題です」

本音を言えば、対戦バッターを恐れ、思うところにコントロールできなかった。あの四球は闘争心のないピッチングのせいだ。監督には「技術」とは答えたが、相手バッターに気持ちで負けていた。すると、原監督は僕に暗示をかけるようにこうも言ってくださった。

「技術の問題だったら、もっと技術を上げよう。別にお前は気持ちの弱い人間じゃないんだ」

四球は味方野手の守備のリズムを崩《くず》す。ゲームも壊す。バットも振らせずに一塁に歩かせるくらいなら、ヒットを打たれたほうがまだ良い。もっと言うと、この試合は試合序盤から千葉ロッテ打線が爆発し、7回表の攻撃でやっと同点に追いついたのだ。その直後の大事なイニングでいきなり四球ともなれば、こちらに傾きかけていた流れも失ってしまう。

僕は引退する最後のシーズンまで、「できれば投げたくないな」と思う「ヘタレ」だった。でも、マウンドに立ってからは、気持ちを切り換えることを心がけるようになった。39ページで述べたように、キャッチャーの阿部さんが「ど真ん中を目がけて、思いきり腕を振れ。打たれてもともと」と励まされたのも、気持ちを切り替える一因となった。

それと同時に、歴代の投手コーチの方々も、僕が相手バッターに名前負けしそうになる弱さを見抜き、「年俸の差を見てみろ。打たれて当然なんだから、思いきって行け」と励ましてくれた。さらに阿部さんには、「ど真ん中を目がけて」のあとに、「ホームランを打たれてもいいんだ」と発破《はっぱ》をかけられたこともあった。

開き直って投げたときは、案外うまくいくことも多く、

「ホームランって、そんなに打たれるものじゃないんだ。バッターだって打ち損じもする。10回に3回打てば一流と呼ばれる世界なんだから」

と、ベンチで阿部さんに諭《さと》された。

原監督はこの年の交流戦の中で、同じ千葉ロッテ相手にリベンジするチャンスを与えてくれた。当時のセ・パ交流戦はホーム2試合、ビジター2試合の計4試合ずつ。最初のビジターゲームで試合を壊しかねない四球を出した僕を、ホームでの同一カードで起用した

2008年に新人王を獲得。高卒2年目で全試合に出場して新人選手特別賞受賞の坂本勇人と。

のだ。４点リードの場面だったが、９回裏の大事なところで僕の名前がコールされた。「もし走者を出しても、（マーク・）クルーンが後ろにいると思って、ラクに投げました」と、試合後にコメント。

点差は開いていても、失点するのと３者凡退で終えるのとでは、チームの雰囲気も違ってくる。「まだ守護神のクルーンが待機している、ダメでもともと」と開き直って投げた結果、リベンジのチャンスをくださった原監督の期待にこたえられたのだ。

同年獲得できた新人王のタイトルも、達成感があり、先の野球人生への励みにもなった。また、登板数は67試合。この08年が、９年連続60試合登板の始まりだ。チームもリーグ優勝したが、最後の日本シリーズで埼玉西武ライオンズに敗れたのは残念だった。

スーパースターとすごした09年ＷＢＣの大舞台

08年のシーズンを終え、「来年も頑張ろう」と思っていた12月15日、第２回ＷＢＣのメンバー候補の34人に選ばれた。驚くとともに、本当に栄誉なことだと思った。

ＷＢＣ主催者サイドに申請する１次登録選手数は45人までが可能で、翌09年２月の本番前に、その45人の中から選んだ最終メンバー28人を届け出るというのが大会規定になっていた。日本代表「侍ジャパン」を率いることになった原監督は、あえてこの1次登録の段階で34人に絞《しぼ》り込んでいた。そして、僕たち34人に「強い気持ちを持って戦おう」と書いた直筆の手紙も送っていた。その手紙を見て、選ばれたからには代表チームにも貢献し、「第1回大会に続いて世界一を」という思いも湧《わ》いてきた。でも、僕以外の33人のメンバーを見て、ちょっとびっくりしてしまった。

ピッチャーは、当時（以下同）ボストン・レッドソックスの松坂大輔さん（現中日）、福岡ソフトバンクの杉内俊哉さん、阪神の藤川球児《きゅうじ》さん、東北楽天の岩隈久志《いわくまひさし》さん（現巨人）、北海道日本ハムファイターズのダルビッシュ有投手（現シカゴ・カブス）、東北楽天の田中将大《まさひろ》投手（現ニューヨーク・ヤンキース）など。

野手では、北海道日本ハムの稲葉篤紀《あつのり》さん（現日本代表「侍ジャパン」監督）、シアトル・マリナーズのイチローさん、ジャイアンツの小笠原道大《みちひろ》さん（現中日二軍監督）、マリナーズの城島《じょうじま》健司さん（その後、阪神に移籍）、カブスの福留孝介《ふくどめこうすけ》さん（現阪神）、タンパベイ・レイズの岩村明憲《あきのり》さん（現在はBCリーグの福島レッドホープス監督）、その後メジャーへ行った福岡ソフトバンクの川﨑宗則《むねのり》さん、東京ヤクルトの青木宣親《のりちか》さんなど。

のちにジャイアンツで一緒にプレーすることになるメンバーも多かった。村田修一さん（当時は横浜）、片岡易之《やすゆき》（その後の登録名は治大《やすゆき》）さん（当時は埼玉西武、現巨人ファーム内野守備・走塁コーチ）、そして、19年からジャイアンツに加わった中島裕之《なかじまひろゆき》（現登録名：宏之《ひろゆき》）さん（当時は埼玉西武）もいた。ジャイアンツからは、阿部慎之助さんと亀井義行さんも選出された。

メジャーリーグや日本球界で活躍しているスーパースターばかりだ。34人が発表された当時、最終メンバー28人の内訳は、「投手16人、野手12人」と報じられていた。ピッチャーの人数が多くなるのは「投球数の制限」など大会規則が多いからだ。1次ラウンドが70球、2次ラウンドが85球、準決勝と決勝では100球といった投球数の制限が設けられており、ピッチャーの人数が多めになるのはわかるが、ダルビッシュ投手や松坂さんらとWBC本番を戦う投手の人数枠を争ったら、とてもかなわないと思っていた。

翌09年2月22日、代表候補34人による合宿練習最終日となったこの日、ジャイアンツと侍ジャパンは練習試合を行った。その試合後、28人が発表され、その中に僕の名前もあった。驚いた。記者団に囲まれ、感想と意気込みを聞かれたが、「頑張ります」としか答えられなかった。「僕なんかが、本当に侍ジャパンに残ってもいいんですか？」と記者団に逆取材すると、先発タイプの投手が多かったので、セットアッパーである僕が最終メンバーに残ることができたのではないかと、ある記者が教えてくれた。先発組のおもな顔ぶれは、松坂さん、杉内さん、岩隈さん、ダルビッシュ投手、田中投手、そして、内海さん。前年（08

年）のシーズン中、リリーフ専任で投げているのは、藤川さん、馬原孝浩《まはらたかひろ》さん（当時は福岡ソフトバンク、のちにオリックス・バファローズ）、そして、僕だけだった。

ＷＢＣ本番。日本は06年の第1回大会で優勝し、この09年の第2回大会では連覇がかかっていた。当時の僕は代表に選ばれたうれしさをエネルギーにして頑張ったつもりではいたが、実際のところ、大先輩たちについていくだけで精一杯だった。中継ぎで4試合に登板して無失点に抑え、少しはチームに貢献できたとは思う。最後の決勝戦はベンチで見ていたが、イチローさんのバットから値千金の決勝打が生まれたとき、鳥肌が立った。でも、まわりの選手がすごすぎて、「ＷＢＣで使うボールとペナントレースで使う日本のボールとの違和感が……」なんてことを考えている余裕はまったくなかった。まわりを見る余裕ができたのは、次の13年の第3回大会だったので、世界を相手に戦う緊張感、恍惚《こうこつ》と不安、ボールのことなどについては、のちほど（157ページ以降参照）、詳しくお伝えしようと思う。

チームに尽くす思いが、初のオールスター出場に

第2回ＷＢＣは、3月に終了。そのあとの09年のペナントレースでは初めて、6連投も経験した。連投というと、マイナスイメージにとらえる人もいるかもしれないが、僕は信

頼された証《あかし》だと思っている。また、同年は初めてオールスターゲームにも出ることができた。ファン投票で選んでいただき（セ・リーグ中継ぎ部門1位）、「後半戦はもっと頑張らなければ」と思った。こうした大舞台に立たせてもらうと、励みになる。

この09年は、73試合に登板。ペナントレースは143試合だから、半分以上の試合で投げたことになる。前年からの60試合以上登板も2年に継続できた。周囲は連投を心配してくれたが、僕自身はジャイアンツに貢献しているという実感でいっぱいだった。チームはセ・リーグ3連覇を果たし、北海道日本ハムとの日本シリーズも制することができた。多少の疲労感があったとしても、それを上回る心地《ここち》よい達成感に包まれていた。

先発ピッチャーという新たな挑戦

09年シーズンのオフから10年シーズンの前半にかけては、これも忘れることのできない思い出がある。先発ピッチャーへの挑戦だ。

09年11月23日のファンフェスタのあと、原辰徳監督に呼び止められた。

「来年はスターター（先発）を考えた調整をしていこう。どうだ？」

「不安はありますが、やってみます」

先発転向のお話をいただき、僕は前向きにそう答えた。

09年の僕は44ホールドポイント（ホールド35、救援勝利9）を記録し、最優秀中継ぎ投手のタイトルを初めて獲得できた。ホールドポイントの数がいちばん多い投手が表彰されるのがこのタイトルだが、別に、ホールドという数値もある。このホールドとは、大まかに言えば、同点、または勝ちゲームでリリーフとして登板し、勝ち負けの状態をキープしたまま次の投手に引き継いだときにカウントされる記録だ（記録成立にいくつか条件はあるが）。これはつまり、「セットアッパーとして好投した回数」ということ。そのホールド数に、救援勝利数をプラスしたものがホールドポイントとなる。

最優秀中継ぎ投手になれたのは、マーク・クルーンというクローザーがいてくれたおかげで、「ダメなら、彼が投げてくれる」と精神的にもラクな状態でマウンドに向かえたことが大きい。阿部慎之助さんがリードしてくださり、野手陣にも何度も助けられた。チームが獲《と》らせてくれたタイトルだと思っているが、原監督は僕に新しい課題を与えてくれた。それが先発転向だった。これは、ある意味、さらに信頼を寄せられたということなので、素直にうれしかった。来るべきタイミングが来たなと、原監督の言葉に興奮した。

先発ピッチャーとは、僕の中で野球の花形だと思っている。記憶に残っている限りだと、僕が先発で公式戦に臨んだのは、アメリカのルーキーリーグにいた04年が最後。それ以来の挑戦であり、すでに先発投手として実績を積み上げていた内海哲也さんには、なにか秘《ひ》訣《けつ》みたいなものはないかと、同年オフにいろいろなことを質問させてもらった。

球団がプレゼントしてくださった優勝旅行先のオーストラリアにいた09年12月中から、張りきって先発転向の期待にこたえる練習を開始した。

まずは、スタミナ強化だ。中継ぎでシーズンを通して投げるスタミナと、先発で長いイニングを投げるスタミナは種類が異なる。的確かどうかわからないが、短距離を何本も走るのがリリーバーだとしたら、先発ピッチャーは長距離のランナーなのかもしれない。

オーストラリアの宿泊ホテルの近くの砂浜をランニングする。内海さんにアドバイスを仰《あお》ぐと、

「(試合を) 1回から3回、4回から6回、7回から9回、打順も1番から9番まで、一巡、二巡というふうに割って、考えたほうがいい」

と、試合でのイメージと攻略法の組み立て方を教えてくれた。

走り込みは、先発、リリーフのどちらにとっても必要不可欠な練習だ。オフの期間は長距離、たくさんの走る量をこなし、2月のキャンプではダッシュの練習を大量にやるというのが、現役中のだいたいのランニングメニューだった。先発になったからといって、その練習スタイルは変えなかったが、「1回から3回、4回から6回……」という、試合を細

切れにしてとらえていくイメージ作りをしながら走り込んでいた。

先発ピッチャーとリリーバーの違いを長距離走と短距離走に例えたが、セットアッパーである僕のピッチングスタイルは、基本的に全力投球だ。短い距離を全力で駆け抜ける短距離走のスタイルであり、一定のペースで長い距離を走り続ける長距離走とは異なる。この違いをどう克服するかが、課題となった。

見かねた原監督が与えてくれた金言

10年2月、僕は先発ピッチャーとしての課題を抱えたまま春季キャンプに入った。そのキャンプ序盤でのことだった。ブルペンで投球練習をしていたとき、原監督が現れた。指揮官がブルペン練習を見て、ピッチャーにアドバイスを送るのは珍しいことではない。でも、この日のブルペン視察は少し雰囲気が違っていた。100球強を投げ込み、ひと呼吸を置こうとしたところだった。頃合いを見計らっていた球団スタッフが「原監督が呼んでいるから」と、僕に声をかけた。

「2、3イニングでもいい。最初から思いきって行け」

原監督はそんなアドバイスをくださった。2、3イニングとは、セットアッパーのピッチングを指す。

当時のスポーツメディアは先発ピッチャーに転向する僕のことも報じていたが、調整がうまくいっていないような内容ばかりだった。試行錯誤していたのは本当だが、そこまで深刻だったわけではない。ただ、原監督の目にも、僕がまだ戸惑っているように見えたのだろう。セットアッパーのつもりで行け、と。監督流の親心だ。

「様子を見てバテたら、途中で交代させるから」

続けて、そうまでおっしゃってくれた。気がラクになった。先発投手は本来5、6イニング以上は投げなければならない。「オープン戦からいきなり、責任イニングをこなそうとしなくてもいい」との言葉に、「それなら、先発も務まりそうだな」と前向きになれた。

原監督の言葉に、何度励まされたことか……。このときの原監督は終始、笑顔だった。言葉に「力」のある方だが、それに喜怒哀楽《きどあいらく》の表情を加えて、選手たちを励ましてくれた。

緩急《かんきゅう》をつけたピッチングができない

原監督の目に、僕が戸惑っていると映った理由の1つに、カーブの習得に苦しんでいたことがある。高校時代までさかのれば、変化球はカーブしか投げられなかった。それがアメリカのマイナーリーグ、ジャイアンツの育成時代を経て投球フォームがスリークォーターに近いものに変わったため、カーブの曲がり加減が悪くなってしまった。以後、スライダーを習得して、カーブは投げなくなったのは、119ページでお話ししたとおりだ。

そのカーブを久々に投げようと思ったのは、先発ピッチャーとして、「抜く球」「緩急《かんきゅう》」をつけるためのボールが必要だと思ったからだった。緩《ゆる》いボールがあれば、直球はもっと速く見える。緩急でタイミングを外せば、打ち損じの内野ゴロを誘える。そうなれば全力投球の短距離走タイプの僕にとって、スタミナ温存のアイテムになると思って、先発転向を申し渡された当初から練習していた。

前年の09年12月の自主トレ期間中も、内海哲也さんに実際に見てもらったが、

「スライダーじゃん！」

と冷やかされていた。曲がり具合も緩急も落第点で、それは10年2月のキャンプに入ってからも変わらず、「なんとかしなければ」と、少し焦《あせ》っていたのだ。

理想は1990年代に活躍された元中日の左腕・今中慎二さんのような縦に大きく割れる、球速100キロを切るようなカーブ。これまでの僕は常に全力投球でやってきた。で
ッチャーが初回の先頭バッターから全力で投げ続けていたら、間違いなく途中
押すだけではダメだと思い、とにかく、リリースするときの手

首のひねり方や力加減を変えてみたが、試行錯誤の域からまだ抜け出せなかった。

そんな不安要素を抱えたまま、ペナントレース本番に突入してしまった。先発ピッチャーとしての初マウンドは10年4月3日の広島東洋カープ戦だった。これは緊張した。敵地・マツダスタジアム（ＭＡＺＤＡ Ｚｏｏｍ-Ｚｏｏｍ スタジアム広島）のカープファンの熱い声援に飲み込まれたわけではないが、１回裏にいきなり1点を奪われてしまう。味方打線が2点を先制した直後だっただけに、悔いが残る。

初回の攻防を終えて、スコアは2対1。１回裏のマウンドをゼロに抑えていれば試合の主導権をつかめたのだが、広島打線は「今日の山口は打ち崩せる」と見たのだろう。ちょっとでも甘いコースのボールは、フルスイングで攻めてきた。そして、４回裏、ついに3点を奪われ、逆転されてしまったところで、僕は降板となった。

「点を取ってもらったあとに失点しては……。腕は振ろうと思ったけど、変化球も良くなかった」

試合後、記者団に囲まれ、反省の弁を述べた。先発という仕事は、セットアッパーとは大違いだった。先発投手の力量を評価する指標の１つにＱＳ（クオリティスタート。６イニングで3失点以内に抑えること）がある。つまり、３失点までは許容範囲内であり、少しの失点で動じてはいけないということ。でも、セットアッパーだった僕は、ランナーを

1人出した時点で、「失点の大ピンチ」と考えてしまい、精神的に余裕がまったくなくなってしまっていた。自分なりに敗因を分析すれば、走者を出しただけであわててしまったことだと思う。

先発登板でわかった自分の得手不得手

初先発の試合は、僕がマウンドから降りたあと、前年まで一緒にブルペンで待機していた救援投手陣の仲間が「山口に負けをつけるな」と頑張ってくれ、広島打線の勢いを止めてくれた。その後、試合は膠着《こうちゃく》状態となったが、味方打線がついに9回表に逆転してくれた。チームは勝ち、僕に負けもつかなかったが、「この次こそは」の思いを強くした。

そして臨んだのが、2度目の先発マウンドだった。

4月10日、東京ドームでの中日戦。8回途中まで、5安打3失点という結果になったのだが、中日打線を3失点までに抑えることができたのは、チームメイトのおかげだ。速いボールと遅い変化球を織りまぜる緩急をつけたピッチングができない僕に対し、守っている野手は何度も声をかけてくれた。走者を出し、苦しくなると、キャッチャーの阿部さんがマウンドに来て、

「このイニングだけだから。あと1回だから!」

と、何度も励ましてくれた。

前回の先発登板で迷惑をかけたこともあるので、僕も必死だった。ここで自分がバテたら、仲間たちに合わす顔がないと思って、腕を振った。

8回表の中日の攻撃が始まったときのスコアは4対2で、2点リードしていた。ノーアウト一、三塁となったところで、迎えたのが3番の森野将彦《まさひこ》選手だった。キャッチャーの阿部さんは外角中心の配球を組み立てた。最後、スライダーを投じたとき、阿部さんのミットよりも高めに行ったのでドキッとしたが、打球は三塁手・小笠原道大さんの真正面に転がった。小笠原さんから二塁手のエドガー・ゴンザレス(登録名：エドガー)に送球され、エドガーから、一塁手の高橋由伸さん(前監督)へ。三塁走者の荒木雅博《まさひろ》選手はホームベースを駆け抜け、1点を失ったが、2アウト、走者なしとなった。

ここで、原監督が立ち上がる。僕と同年齢であり、中継ぎ同士のセットで「風神雷神《ふうじんらいじん》」コンビと呼ばれることもあった越智大祐《おちだいすけ》のリリーフを告げた。その裏、味方打線が爆発し、一気に7得点をあげて、そのままゲームセット。7回と3分の2を投げ、先発での初勝利となった。お立ち台で思わず笑顔が弾《はじ》けた。

「先発に転向してからすごく長く感じたけど、勝ててうれしいです。中継ぎの白星より、先

先発転向2試合目、2010年4月10日の中日戦で勝利投手となり、満面の笑みを浮かべる著者。

発のほうが断然うれしいです」

先発ピッチャーとしては未熟なところもあったかもしれない。それでも、先発での初勝利は、リリーフで得たプロ初勝利とはまた違う喜びがあった。

ところが、そんな喜びに浸《ひた》っていた試合後のことだった。原監督がまた僕を呼んだ。

原監督は先発勝利を労《ねぎら》ってくださったあと、クローザーのクルーンの故障について触れ、僕にこう言った。

「こういうときだから、中継ぎのほうでチームを助けてくれないか」

「わかりました。やらせてください」

クルーンの故障は、4月3日の僕の初先発試合で負傷したものだった。2点リードの9回裏に登板し、相手バッターのセーフティーバントを処理しようとした際に転倒し、右手の親指を痛めたのだ。

僕が先発投手として責任イニングの5、6回まで投げていれば、もっとラクな展開になっていたはずだが、4回途中でノックアウトされ、その後、計6人もの投手をつぎ込む大忙しの試合となった。そういう負い目もあり、リリーフ再転向を受け入れた。

結局、先発は2試合のみとなり、この10年シーズンは、最終的に前年と同じ73試合で投げた。60試合以上登板も3年連続となったが、勉強しなければならないことの多さを知った。

また、チームはセ・リーグ3位。クライマックスシリーズ第1ステージで2位・阪神を下したものの、第2ステージではリーグ優勝した中日に敗退。ジャイアンツとしての課題も残した。

翌11年も貴重な経験ができた。チームの事情で今度は一時的にクローザーを任されたのだ。そのときの話もしておきたい。あれは4月のこと。当初、チームがクローザー候補として獲得した新外国人投手のジョナサン・アルバラデホがオープン戦から不振で、僕がその代役を務めることになったのだ。

臨時クローザーに指名されたとき、僕のような小心者に務まるのかと思った。ただ、指名されたということは、たびたび言うように、頼りにされているということでもある。ジャイアンツで頼りにされている喜びが、発奮材料になった。

でも、クローザーになってまもなく、左胸の張りで登録抹消《まっしょう》され、一時、一軍から離れた。そして復帰後は、セットアッパーに専念。最終的に、この11年シーズンの登板数は、ちょうど60試合。4年連続の60試合以上登板をギリギリ果たせた。また、記録の節目《ふしめ》としては、通算100ホールドも達成できた。

ただ、チームは前年と同じく3位。クライマックスシリーズも、第1ステージで当たった東京ヤクルトの前に敗れてしまっている。

欠場した仲間の分も頑張ったら、日本記録達成

続く12年は、個人記録ではあるが、栄誉をいくつか達成することができた。1つは開幕から24試合連続での無失点記録。これは、あの大魔神こと佐々木主浩《かづひろ》さん（元横浜、シアトル・マリナーズ）の作ったセ・リーグ記録に並んだもの。スポーツメディアを介して、その佐々木さんから「新記録を目指して」との激励《げきれい》をいただき、自分のことではないようにも思えた。日本球界を代表する偉大なクローザーと並ぶなんてこそばゆいような気持ちがしたが、これも、ジャイアンツの仲間たちがいなければ達成できなかったものだ。人づてに聞いたのだが、村田修一さんが川口和久投手コーチのところに行き、僕の連投を気づかってくださったという。

２つ目は、当時、日本プロ野球新記録となる5年連続での60試合登板だ。（それまでのトップは、西鉄ライオンズの稲尾和久さんが１９５６～59年に、阪神の藤川球児さんが05～08年に記録した4年連続）。ただ、この記録には、わけがあった。ともにジャイアンツのブルペンを支えてきた久保裕也《ゆうや》さん（現東北楽天）と越智大祐の２人が相次いで故障し、僕は「彼らの分も！」の気持ちで投げてきた結果でもあるのだ。「ジャイアンツのために」の

思いが形になったとすれば、本当にうれしいと思う。

この年の最終的な登板数は72で、リーグトップ。また、ホールドポイントは47（ホールド44、救援勝利3）。09年以来の最優秀中継ぎ投手に輝くこともできた。

5年連続60試合以上の記録などを達成した12年当時のことを、もう少しお話ししたい。これを達成できたのは、裏方を含めたジャイアンツのスタッフ全員のおかげだからだ。

「毎日毎日、僕を治療してくれるトレーナーの方々に感謝したいと思います」

区切りの試合数が近づくにつれ、増えてきた取材陣にはそう答えていた。育成選手からスタートした僕が、プロ野球の新記録に挑戦できていることは素直にうれしかったが、トレーナーのみなさんにいちばんに感謝を伝えなければならないと思っていたのだ。

そして取材陣からは、肉体的な疲労や長期勤続の代償の有無もよく質問されていた。

「無理をするな、中継ぎで長いあいだ、これだけ多く投げたピッチャーはいない」

「はじめに」でも触れたが、メディアからは、そんな声も出ていた。心配してくれるのは、ありがたい。でも、連続登板に制限はあるのだろうか。確かに、1シーズンに60試合以上に登板したということは、レギュラーシーズン143試合の半分近くで投げた計算だ。もちろん、肉体的な疲労は感じていたが、限界はないと思う。現に、中日の岩瀬仁紀《ひとき》さんは

99年のルーキーイヤーから、最終的には15年も続けて50試合以上に投げている。この間、多い年で65試合、少ない年でも51試合に登板。僕の記録と岩瀬さんの記録のどちらが大変かという話ではない。まわりが勝手に「無理をするな」と言っても、僕はもっと多くの試合数に登板できそうな気もした。

僕自身も強靱《きょうじん》な体を得るために多くの練習やウエイトトレーニングも行ったが、トレーナーのみなさんには試合後、体をケアしてもらった。先輩たちを見習い、また、自主トレに連れていってもらい、食生活や練習方法まで、考え方を変えた。ボールは全身で投げるという意識を教えてもらってからは、球速も少しだがアップしたように感じる。裏方のみなさんにも支えられているのだから、勝手に自分で限界を決め込むことはできないと思った。

そして、この12年の登板試合数が59の状態で迎えた12年8月30日。いつものようにブルペンで準備をし、8回表の中日の攻撃が始まるとき、原辰徳監督が僕の名前をコールした。ついに、60試合目の登板だ。スコアはこのとき、9対3。僅差《きんさ》ではなかったので、気持ちのうえでは少しラクだった。

三者凡退で切って落とすと、原監督をはじめ、ベンチが立ち上がって出迎えてくれた。好投して出迎えてくれるのはいつもと同じだが、この日は喜びもひとしおだった。

「さらに続けていってもらいたい。見事でしたね」

新聞紙上で原監督のコメントを目にした。

このころから、打ち損じを誘うことも強く意識するようになった。空振り三振を奪うようなスピードボールは、僕にはない。自分なりの打ち取り方を極めようと考えたのだ。

思いもよらなかった胴上げ投手の栄誉

いくつかの記録達成のあったこの12年シーズンは、もう1つ、忘れられない出来事があった。僕は北海道日本ハムとの日本シリーズで、胴上げ投手になることができたのだ。

この年、ジャイアンツは3年ぶりのリーグ優勝。クライマックスシリーズも突破し、同じく3年ぶりの日本一を目指す大舞台へと進出していた。

12年11月3日、北海道日本ハムと争った日本シリーズ第6戦。ジャイアンツの3勝2敗で迎えたこの試合で、僕はまさかのクローザー指名を受けたのだった。

8回表の日本ハムの攻撃をスコット・マシソンがゼロに抑え、ブルペンにいた僕は、この年、ずっとクローザーとしてチームを支えてくれて、今は、ともにジャイアンツアカデミーの仕事に携《たずさ》わっている西村健太朗に、

「お前、ガッツポーズとか、カッコいいのを決めろよ」

なんて冷やかしを、ブルペンに残った投手たちと一緒に浴びせていた。

この8回までの試合展開について、お伝えしよう。5回まで3対0。6回に同点に追いつかれ、ここから継投策となり、福田聡志、高木京介がゼロに抑えた。7回裏に阿部慎之助さんのタイムリーヒットで再び突き放し、「いよいよ、日本一を勝ち取る瞬間だ」と、チームは盛り上がっていた。スコアは、4対3。

9回表の日本ハム最後の攻撃は、8番の右バッター・大野奨太《しょうた》選手（現中日）から始まる。続くピッチャーの打順に代打を送られたとしても、もう日本ハムベンチには左バッターは残っていない。1番の陽岱鋼《ようだいかん》選手（現巨人）も右バッターだ。こうした相手陣営の状況をブルペン内にあるホワイトボードで確認し、「もう、自分の出番はない」と決めつけていた。

8回裏の攻撃中、ブルペンの電話が鳴った。シーズンを通してクローザーを務めた西村が呼ばれたのだと思った。僕の頭の中では西村が試合を締めて、マウンドにみんなで集まるシーンの想像もできていた。

ところが、「おい、準備しろ。次のイニング、行くぞ」とベンチから指名されたのは、まさかの僕だった。

「えっ!?」と聞き返すのと同時に、緊張で体が震えるのがわかった。

試合中盤から終盤にかけて、福田、高木、マシソンの3投手が投げていたときに、一度は肩を作っていた。だから、登板準備は2回目だったが、それでも「早く肩を作らなければ」とおおわらわだった。まあでも、結果論かもしれないが、気持ちの面ではいきなり「準備しろ」と言われたのが、かえって良かったのかもしれない。事前に、「今日は、最後は山口で行くぞ」と言われていたら、頭の中でいろいろなことを考えてしまい、緊張感でつぶれていただろう。

ジャイアンツの8回裏の攻撃が終わった。僕の肩もできあがりつつあった。

いつも、ブルペンでの最後の1球は、キャッチャーにど真ん中に構えてもらっていた。弱い気持ちを払拭《ふっしょく》するための自分なりのルーティンであり、思いきり腕を振って投げる。

(困ったら、腕を振ってど真ん中に投げればいいんだ)

そう自分に言い聞かせた。でも、いつものルーティンを行って気持ちを切り替えたつもりなのに、この日はそうならなかった。

ブルペン仲間が、ミネラルウォーターの入った紙コップを渡してくれた。それを口に含み、手渡されたタオルで顔の汗を拭《ぬぐ》う。登板するピッチャーをその場にいる全員でハイタッチして送り出す。これがジャイアンツの儀式のようになっていて、これに励まされてきたのだが、僕は弱音を吐いてしまう。

「もう、無理だ」

「大丈夫だよ」

そう言って、弱気な僕の背中を仲間が叩《たた》いてくれた。

緊張がほぐれないまま、マウンドに向かった。足が重い。妙な興奮をしているのもわかった。先頭バッターの大野選手に投じた初球が、ストライクになった。シーズン中なら、初球にストライクを決めれば気持ちもほぐれるのだが、日本シリーズの最後のマウンドはそうはいかなかった。もう一度、「人生に1回あるか、ないかのすごい舞台。ここで抑えたら、すごいことになる」と、自分を鼓舞《こぶ》した。

キャッチャーの阿部さんの構えたところを目がけ、腕を振っていくしかない。やはり、困ったときは開き直るしかないのだ。

大野選手をサードゴロに打ち取り、バックスクリーンのカウント表示に、1アウトを示す赤ランプが1つ灯《とも》る。

そのあと日本ハムは、以前ジャイアンツに在籍していた二岡智宏《におかともひろ》さん（現在は、BCリーグの富山GRNサンダーバーズ監督）を代打で送ってきた。二岡さんとは交流戦などで対戦しており、ヒットを打たれている。いいイメージを持っていなかったので、「いやだな」と思った。同年から僕はシュートを投げるようになり、右バッターにも使っていた。それなりの成果をあげていたが、二岡さんは器用なので、内角に向かってくるボールは苦にしない。ファウルで粘られた挙げ句、四球を選ばれてしまう。

代走が送られた。そのあいだに気持ちを切り替えた。勝負を避け、逃げたうえでの四球ではない。勝負に行った末の結果だ。自分にそう言い聞かせると、気がラクになった。

一死一塁。続く陽岱鋼選手のカウントが1ボール1ストライクになったとき、キャッチャーの阿部さんがタイムを取って、マウンドまでやってきた。いろいろなアドバイスをもらったのだが、よく覚えていない。この時点でもまだ緊張していて、頭が真っ白だったからだ。

同シリーズ中、阿部さんは試合中に、二塁への牽制《けんせい》サインを見落とした澤村拓一の頭をポカリと叩く厳しさも見せている。でも、僕に対しては笑顔だった。怒っても大丈夫な投手とそうではないタイプをしっかり見極め、接し方を変えるのが阿部さんだ。

そんな頼れる阿部さんのリードのおかげで、陽岱鋼選手を三振に切って取ることができた。2アウト。あと1人だ。

期せずして、山口コールが沸《わ》き起こった。

鳥肌が立った。ジャイアンツファンからこんなにも応援していただいているのだから、みなさんの期待にこたえなければならない。勇気づけられたなんて、簡単な言葉では言いあらわせないほど胸が熱くなった。

ファンのみなさんのためにも頑張らなければ……。

ようやく少し前向きな気持ちになれた。ここで頑張って抑えれば、原監督、各コーチ、チームスタッフ、そしてファンのみなさん、全員が喜んでくれる。そんな大団円を想像すると同時に、ホームランやタイムリーヒットを打たれて失点してしまうシーンも頭をよぎった。

次打者の鶴岡慎也さんにヒットを打たれて二死一、二塁となったあと、川口和久投手総合コーチ（当時）がベンチを出た。ゆっくりと歩を進めてきて、阿部さんと内野手も集まり、マウンドで話をしたところまでは記憶にあるが、その内容はまったく覚えていない。

今振り返っても、あんな精神状態であの日のマウンドがよく務まったと思う。まあでも、間《ま》を取ってくれたことが良かったのだろう。

続く糸井嘉男《よしお》さん（現阪神）にはショートゴロを打たすことができた。難しい打球だったが（坂本）勇人がさばいてくれ、タイミングは間一髪ながら、アウトのコール。

すごいプレッシャーだっただけに、ゲームセットの瞬間、うれしさと同時に重圧から解放されたような安堵《あんど》感もあった。勝ってもガッツポーズなどしてこなかった僕が、このときばかりは阿部さんに抱きつき、そこに勇人がすごい勢いで飛んできて、三塁を守っていた村田さんも体をぶつけてきた。ベンチの仲間も加わってきた。すべての努力、苦労が報われた気もした。

原監督を胴上げした。みんなと抱き合い、喜びを分かち合った。

「よく抑えてくれた」

原監督がわざわざ僕のところまで来て、抱擁《ほうよう》してくれた。そして、労《ねぎら》いの言葉をかけていただいた。

セットアッパーは、課せられた職責は重要ではあるが、決して目立つポジションではない。でも、原監督が普段の僕を見て信頼してくださって、最後にマウンドに送っていただいたのなら、こんなにうれしいことはない。月並みだが、一生懸命やっていれば誰かが見ていてくれて、必ず報われる日が来るということだろう。

僕はそれを体感することができた。努力は裏切らないということを、ジャイアンツが教えてくれたのだ。

13年WBCでの投球フォームの緊急修正

翌13年。やはりこの年は、2度目となったWBCについて語らずにはいられない。

日本代表「侍ジャパン」の一員として日の丸を背負う重み、恍惚《こうこつ》と不安。マウンドに上がる際、「いやだなあ」と弱気に思ってしまう僕が、世界を相手によくぞ投げられたものだと思うが、ここでも先輩たちの助けや阿部さんのアドバイスに救われた。その感謝の意味も込めて、当時のことをお話ししたい。

また、少なからず、アメリカのルーキーリーグで苦闘した02〜05年の経験が役に立った。そのことも、のちほどお伝えしよう。

この第3回WBCでは、日本で開催された第1ラウンド、第2ラウンド合計で、4試合に登板し、5失点。決して調子は良くなかった。

また、渡米後の3月14日（現地時間。以下同）のサンフランシスコ・ジャイアンツとの練習試合でも、先頭バッターに四球を与えてしまっていた。

阿部さんが見かねたようで、翌15日のシカゴ・カブスとの練習試合前、球場のレフトの芝の上だったが、投球練習をするように指導を受けた。

ブルペンではないので、マウンドの傾斜もなければ、プレートとホームベースのあいだの距離である18・44メートルもアバウト。

でも、そんなことなどお構いなしに、阿部さんはこちらの肩が温まると腰を下ろし、「しっかり投げてみろ」と言う。そして、僕の球を受けながら、腕を横から振るジェスチャーを繰り返した。そして、こうもアドバイスしてくれた。

「悪いときは、腕が縦振りになる。上体が横の動きをしているのだから、腕もちゃんとその回転に合わせないと」

自分でも気づいていなかったが、世界を相手に力投しているうちに、僕の腕の振りが「縦」になっていたようだ。シーズン中も、いろいろと力になってくださる阿部さんだが、この第3回WBCの最中も、僕が本調子ではないと見抜き、アドバイスをするタイミングを見計らっていたのではないかと思う。

そして迎えた、3月17日のプエルトリコとの準決勝戦。8回表、一死満塁で僕の名前がコールされた。3点ビハインド。ここで失点すれば、試合が決まる厳しい場面だ。

でも、阿部さんのアドバイスのおかげもあり、1回3分の2を投げ、ヒットを1本も許さず、3奪三振。ここまで苦しんでいた僕とは見違えるほどのいいピッチングができた。

だが、ご存じのとおり、試合はこのまま敗れて大会から去ることになった。悔しさはあったが、失点を防いで味方打線の反撃を待つ態勢を整えられたことは、少しだけ報われた気がしたのだった。

こうして、WBCの第3回大会は準決勝で敗退。僕がメンバーに選ばれていない17年の第4回大会も、日本は準決勝止まりだった。それだけに、第5回大会（21年）は、ぜひ世界一を奪回してもらいたい。

WBC前のオフの食事は腹八分目

もう少し、WBCについてお話ししたい。

初めて出場した、前の09年第2回大会では日の丸の重みを知った。イチローさん、松坂大輔さん、城島健司さん、稲葉篤紀さんらがチームをまとめてくれて、世界一に輝くことができた。当時は僕よりも年上の先輩や実績十分の有名選手が大勢いたので、みんなについていけばいいという気持ちだった。でも、この13年の第3回大会のときは違った。僕自身が年齢を重ねて、前回とは立場が変わったせいもある。

また、侍ジャパンの投手コーチだった与田剛《つよし》さん（現中日監督）から、

「試合終盤に投げてもらうよ」

と事前に、はっきりと通達されていた。前年の12年シーズン、僕は5年連続60登板の日本記録を達成。それを評価されての代表招集でもあったので、「試合終盤に」という期待にはしっかりとこたえなければならないと思っていた。

ただ、記録達成の疲れもあった。これまでのオフもまずは体の疲れを取ることに努め、そのあとでシーズンに向けての体力作りを始めていた。疲れを取るという作業の中には「メ

ンタル面での解放感」も含まれるので、食事ではおいしいものを食べ、好きなものも飲んでいた。でも、12年のオフは食事制限とまでは言わないが、暴飲暴食は控えるように心がけた。腹八分目の意識を持って、食べる量や飲むものにも注意を払ってきた。シーズン中と同じベスト体重の状態を維持しておきたかったからだ。

もっと言うと、13年の3回目のWBCも、正規登録メンバー数の28人に対し、それよりも多い人数の代表候補の選手をいったん招集して合宿練習が行われた。前回の第2回WBCのときは「ダルビッシュ、松坂さんなどすごいピッチャーばかりだから、正規メンバーに残れるなんて……」と畏《おそ》れ多さを感じていた部分もあった。でも、第3回大会は日本人メジャーリーガーが所属球団の拘束《こうそく》などのため、侍ジャパンに合流できなかった。国内の12球団から選抜されたメンバーのみで世界と戦わなければならず、その候補となった以上は、僕も頑張るしかないと強い決心を持って臨んだ。

それと、前回の09年大会で国を背負って世界と戦う刺激を少なからず知った者として、「もう一度、あのステージに立ちたい」とも思っていた。だから、このときの13年大会へ向けてのシーズンオフは、例年より気が抜けなかった。

他球団から招集されたピッチャーの人たちとも話をした。阪神の能見篤史《のうみあつし》さんには、フォークボールの握りを見せてもらった。当時広島の前田健太投手（現ロサンジェルス・ドジャース）、同じく東北楽天の田中将大投手にも、スライダーなどの変化球の握り方を教えてもらった。ボールの縫《ぬ》い目に対しての指のかけ方によってどんな曲がり方をするのかなども聞いた。普段のペナントレースでは他球団の選手とはゆっくりと話ができないので、とても有意義な時間だったと思う。

同様に、他球団のピッチャーが投球練習をしているのを間近で見ることもでき、これもまた勉強になった。例えば、能見さんは、ゆったりとしたフォームで、ボールをリリースする瞬間だけ力を入れていた。内海哲也さんや杉内俊哉さんと同じだと思った。

「こんなふうに力を抜くことは、やはり大切なことなんだな」

内海さんを見て、力を抜くことの大切さはわかっているつもりでいた。でも、普段はライバル同士であるチームの主軸ピッチャーの投球練習をすぐそばで見て、再認識させられた。

ルーキーリーグでの経験が「WBC公式球」対応に生きた

侍ジャパンの投手陣のあいだで、毎回いちばん話題に上ったのが、日本のプロ野球公式戦で使われているボールとは異なる「WBC公式球」のことだった。

ひと回り大きく、滑りやすいというのが、このボールに対する僕の感想だ。アメリカで

侍ジャパンの一員としてマウンドに上がる著者。若いころの渡米経験が国際試合で生きた。

のルーキーリーグ時代、これと同じようなボールを使っていたはずなのに、日本のプロ野球でのプレーが長くなったせいか、少し違和感があった。また、曲がり幅も大きくなるような感覚もあった。それなら、曲がり幅を微調整するのではなく、その幅を考慮し、狙うポイントを動かして、キャッチャーの構えたところに行くように投げようと考えた。

こういう対応力は、整備が行き届いていないルーキーリーグの球場で鍛えられたおかげだろう。どの国の代表チームも同じボールで試合をやるのだから、違和感でフラストレーションをためるより、その特徴に合わせたほうがいいと自然に考えられるようになっていた。

髪の毛の長い襟《えり》足《あし》を切ったことも、記録達成に好影響!?

13年というと、WBC以外に個人的な思い出もある。

僕は「リリーフは抑えて当然。救援に失敗したときにニュースとなってスポーツメディアに取り上げられるもの」と思ってきた。そのくらい、毎回完璧《かんぺき》に抑える投手になることが、育成から一軍投手へと導いてくれたジャイアンツへの恩返しだとも思っていた。

13年、そんな僕が相手打線を抑える好投で、メディアに取り上げてもらったのだ。まあ、これまでも記録達成のときなどには大きく報じていただいたが。

4月20日、マツダスタジアムでの広島戦だった。この試合でホールドをあげれば、通算154個目。プロ野球記録を更新する。それまでは、中日・浅尾拓也《たくや》投手（現中日二軍投手コーチ）の153個がトップだった。浅尾投手の記録に近づくにつれ、記者団からも質問を受ける機会が多くなっていた。当然、この日の登板で、セットアッパーの職責を果たせば「新記録」になることはわかっていたが、特別な意識はなかった。

そして試合では、先発の菅野智之が好投。7回から僕がバトンを受け継ぎ、8回もイニングまたぎで投げて、ゼロに封じた。意識していなかったとはいえ、新記録を達成できた試合後、記者団に囲まれたときには、やはり、

「いい記録で（新聞に）出してもらえるのはうれしいですね」

と答えた。

個人記録のために投げているのではない。ジャイアンツのため、優勝するため、日本一の目標を達成するために投げている。なので、12年に日本一になったときのような感無量の喜びとは違うのだが、チームに尽くしてきたことが記録になって評価されたのは、やはりうれしく感じたのだった。

また、この13年は、ホールドポイントのほうが日本プロ野球史上初の200に到達している。ホールドポイントは12年のうちに浅尾投手を抜いており、先に記録達成ができた。

そして、僕のシーズン中のホールドポイントは最終的に42（ホールド38、救援勝利4）。チームメイトの（スコット・）マシソン（ホールド40、救援勝利2）と分け合う形で、僕は3度目の最優秀中継ぎ投手のタイトルをいただくことができた。また、登板数は64。60試合以上登板も6年連続に伸ばせた。

13年、チームとしては、リーグ連覇を達成。日本シリーズにも進出したが、東北楽天に敗れ、2年連続日本一とはならなかった。

なお、余談だが、この13年のシーズン途中、それまで長くしていた襟足《えりあし》の髪の毛をばっさりと切っている。数年来、ほんのちょっとオシャレで長くしていたのだが、野球に集中するという姿勢をあらわすために切ったのだ。ブルペンでも年長のほうとなったので、チームを牽引《けんいん》するんだという決意を僕なりに示したというわけだ。

この年の11月、僕は30歳になった。セットアッパーの重要性も改めて感じるようになっていた。

酸《す》いも甘いも積み重ねて200ホールド

翌14年の6月6日。埼玉西武との交流戦で、通算200ホールドに到達することができた。3対3の同点で迎えた9回表に登板し、イニングをまたいで、延長10回表の先頭バッターまでを任された。10回は左打ちの栗山巧《たくみ》選手から始まる。9回のマウンドを終えたあと、「10回表の登板があるかも」と予想していたため、集中力が途切れることはなかった。チームはサヨナラ勝ち。この試合の勝利に、少しは貢献できた。

試合後、原辰徳監督は記者団に、「コンディションをきちっと作っているからこその200ホールド」と、僕を褒《ほ》めてくださったそうだ。記録達成よりも、指揮官に認められたことがうれしかった。

自分なりに200ホールドの数字を振り返ってみると、チームに助けられたことのほうが多い。この節目の日はたまたま好調だったが、調子が良くなかった日も少なくなかった。事実、この14年で例を挙げてみると、シーズン序盤の4月13日の阪神との一戦で、僕は甲子園球場独特の雰囲気に飲み込まれ、サヨナラ打を浴びている。このあと、5月10日の甲子園球場では9回裏二死満塁という大ピンチを迎え、「同じ失敗を繰り返すわけには」の思いだけで、どうにかリベンジを果たすことができた。このとき、グラブを叩《たた》くガッツポーズをしているが、無意識のうちに出たものだ。今までは意識して、派手なアクションを取らないように努めてきたが、このときは出てしまった。

200ホールドは、そんな救援登板の歴史だと思った。

そして、この14年の登板数は60試合ジャストで、なんとか60試合以上登板を継続。7年連続とすることができた。チームはペナントレースを制し、リーグ3連覇を果たしたが、クライマックスシリーズで阪神に敗れてしまい、日本シリーズには進めなかった。前年は日本シリーズで東北楽天に日本一の座を奪われ、今年こそという思いがチーム全体にあっただけに、本当に残念だった。

登板数よりもチームの勝利

続く15年シーズン、僕は新たな記録を2つ達成できた。1つは、通算250ホールド。もう1つは、60試合以上の連続登板記録を8年に伸ばしたこと。もちろん、記録達成はうれしかった。でも、手放しでは喜べなかった。この年はいろいろなことがありすぎたからだ。チームは優勝をのがして2位となり、リーグ4連覇はならず。僕個人としても自信を失いかけた時期もあった。そしてご存じのとおり、シーズン終了後には原監督が退任された。そんな15年だったのだが、僕の記録達成の試合を振り返りながら、当時の心境をお伝えしたいと思う。この年くらいからは、7イニング目を担《にな》うことも増えてきていた。

史上初の250ホールドを達成したのは、9月26日、東京ドームで迎えた東京ヤクルトとの一戦だった。7回表に登板し、先頭バッターを四球で歩かせてしまったが、次打者を併殺打《へいさつだ》に仕留め、チームの勝利にも貢献できた。

「いつも以上の（抑えたいという）気持ちがありました」

試合後にそうコメントした。前半戦の首位は横浜DeNAだったが、僅差でジャイアンツ以下5チームが続き、負けられない試合が続いていた。僕個人のことを言えば、この時点で自己ワーストとなる5敗を喫しており、チームに迷惑をかけていた。250ホールドの記録を達成して思ったのは、しっかりと無失点に抑え、後ろにつなぎたいということ。ごく当たり前のことではあるが、負けが込んだことにより、セットアッパーとしての職責をもう一度深く自分に言い聞かせた。

なお、僕はその後、引退までにホールドを273に伸ばすことができた。18年末時点では、北海道日本ハムの宮西尚生《なおき》投手が僕の記録を更新し、298ホールドが日本記録となっている（宮西投手は、19年4月13日に300ホールドを達成）。

一方、救援勝利を加えたホールドポイントのほうは、僕は引退までに324。こちらも、宮西投手が326に更新している（18年末時点）。

また、8年連続の60試合登板を達成したのは、10月4日。前々日に東京ヤクルトが14年ぶりの優勝を決めていて、このあとのクライマックスシリーズがなければ、消化試合のような状況に陥《おちい》っていた。僅差での順位争いが続いていたこと、そして、クライマックスシリーズのファイナルステージに進めば、改めて東京ヤクルトに挑むことができる。前年度までの覇者《はしゃ》としての意地、そして、日本シリーズ進出と日本一になる可能性が残されている以上、絶対に好投しなければならないと思って、腕を振った。

「登板試合数よりも、僕は結果が欲しい。今年は結果が思いどおりについてこなかった。試合数が少なくてもいいんです。きっちりと無失点で後ろにつなげる仕事をしたい」

記者団に囲まれたときに発したこの言葉に、嘘《うそ》はない。

この日、先発マウンドに上がったのは、内海哲也さんだった。内海さんは8月19日以来の一軍登板だった。クライマックスシリーズは短期決戦であり、ここで結果を出さなければ、天王山での出番がなくなってしまう。そんな鬼気迫る思いが投球に込められていた。

内海さんは二軍で調整を続け、その間、疎外感《そがい》とも戦っていた。僕は一軍にいたが、本調子でないため、苦しいマウンドが続き、自信を失いかけていた。内海さんの気合いの入ったピッチングを見て、僕も胸が熱くなった。

結局、クライマックスシリーズでは東京ヤクルトの勢いを止められなかったが、苦しいときでも気持ちだけは前向きでなければならないと思った。これからも、チームの勝利につながる投球をするぞ、と心に誓った。

高橋由伸監督の勝利への執念

でも、翌16年は、僕にとっても、チームにとっても、悔しいシーズンとなってしまった。先に僕の成績を言うと、登板数は63。連続60試合以上の記録は9年まで伸びたのだが、防御率は4・88。セットアッパーのチーム貢献度をあらわすホールドポイントも20（ホールド19。救援勝利1）と、前年33（ホールド29。救援勝利4）より13ポイントも少なかった。

この16年は、高橋由伸さんが監督として初めて迎えたシーズンでもある。前年まで選手としてジャイアンツに尽くされた、チーム愛の強い先輩だった。監督に就任されてからもロッカールームや球場通路で会うと、よく声をかけてくれた。そういう気配り、優しさは現役時代から変わっていなかった。むしろ、こちらが選手と監督の線引きをしっかりしなければと思うくらいだった。

高橋さんは常に明るい。現役時代に後輩を気づかってくれ、僕も食事によく誘っていただいた。そういう監督だからこそ、「男にさせてあげなければ」とみんなで戦っていたが、その思いが強すぎたのか、チーム全体が空回りしてしまった。

順位は2位。優勝という結果が残せなかったシーズンだった。

でも、高橋監督が勝利への執念を見せた印象深い試合もあった。6月1日のオリックスとの交流戦だった。先発の内海さんが奮闘し、1対0のロースコアのまま、リリーフ陣にマウンドが託《たく》された。

7回裏、右サイドスローの田原誠次《たはらせいじ》が呼ばれた。彼は先頭バッターを出塁させたが、次打者を併殺に仕留め、2アウトを取った。次は、左バッターの西野真弘《まさひろ》選手だ。この日、まだヒットは出ていなかったが、広角に打ち返すことのできるタイプだ。左ピッチャーの僕は、準備しておくように指示は受けていたが、田原の調子は悪くないと見ていた。いちおう肩を作っていたが、「どうだろう? 田原を代えるのかな、代えないのかな」と考えてしまい、ブルペンであまり気合いが入っていなかった。

でも、高橋監督は迷わずにベンチを出て、僕をコールした。驚いたが、その瞬間、僕も気合いが入った。監督の期待にこたえなければ……。その思いをマウンドで体現した。ちぎれそうなほど、腕を振った。

結果はショートゴロ。続く8回にはマシソンが投入され、最後の9回裏は、澤村拓一で締めてゲームセット。これまで、リリーフは1イニングずつ投げ、次のピッチャーにバトンタッチするケースが多かった。でも、高橋監督は、左バッターの西野選手を迎えたところで、右サイドスローの田原から左の僕にスイッチ。慎重を期しての投手交代だったと思うが、好投していた田原に代え、あえて僕を起用したとき、チーム全体の士気が高まった気がした。僕は高橋監督の勝利への執念を感じた。

また、同年8月18日、ナゴヤドームで迎えた中日戦では、高橋監督に試練を与えられた。序盤はリードされていたものの、こちらが6回に同点に追いつき、スコアは2対2。そのまま均衡《きんこう》状態が続いていたが、8回裏二死二塁と、一打勝ち越しのピンチを迎えてしまった。その状況を作ってしまったのが僕だ。

7回裏からマウンドに上がり、2イニング目でよけいなランナーを出してしまったのだ。相手の中日からすれば勝ち越しのチャンスで、バッターボックスの近藤弘基《ひろき》選手も力の入る場面だった。僕はその近藤選手に4球も続けてファウルで粘られた。ビジター球場のため、スタンドの多くは中日を応援しているので、プレッシャーがさらにのしかかった。

そして、10球目。地面すれすれのところに、チェンジアップを投じた。力のないフライがセカンドの頭上へ飛び、アウト。なんとか、この回をしのいだ。

9回表、ピンチを脱した勢いで攻撃陣が1点をもぎ取り、最後はクローザーの澤村が中日の攻撃を断《た》ってくれた。

この16年シーズンだが、相手打者をピシャリと抑えることがなかなかできなかった。シーズンを通して6敗を喫している。この敗戦数は自己ワースト記録だ。トータル成績は63

試合に登板して1勝6敗19ホールド1セーブ、防御率4・88。悪い成績だったのに、高橋監督は忍耐強く僕を使ってくれた。おかげで、60試合以上登板は9年連続まで伸びたのだった。

気がつけば、ブルペンで最年長

この16年、ブルペンで待機するリリーフ陣の顔ぶれを見ると、宮國椋丞、戸根千明《とねちあき》、田原誠次など、かなり年下の投手も増えてきた。気がつけば、リリーフでは最年長になっていた。17年シーズン以降は、いっそう苦悩の日々だった。その17、18年の苦しい2年間、僕がどんなことを考えてきたかは、第1章でお伝えしたとおりだ。

改めて簡単に触れると、17年は、故障と不振で、勝利になかなか貢献できなかった。一軍登板は、わずか18試合。60試合以上登板の記録も途絶えてしまった。チームも4位と、11年ぶりのBクラス。

18年のジャイアンツも、調子がなかなか上がらず優勝を逸《いっ》し、3位。クライマックスシリーズのファーストステージで東京ヤクルトを破ったものの、ファイナルステージではリーグ優勝の広島に3連敗し、シーズンを終えた。僕自身も故障が続き、一度も一軍に上がることなく、二軍調整のまま終わった。そして、現役引退を決意するに至ったのだった。

9年連続60試合登板。最底辺の育成枠からスタートした自分がプロ野球の新記録を樹立できるとは思ってもみなかった。繰り返しになるが、僕にとって、登板するということは監督やチームから信頼されていることだと考えていたので、登板試合数が増えて体が疲れても、苦痛に思うことは一度もなかった。勝ち星も、セーブポイントもつかない「つなぎ役」であっても、信頼されての登板だから、うれしく思っていた。そんなチームに尽くすシーズンを積み重ねていったのが、僕のプロ野球人生だった。15年に育成出身初の国内FA（フリーエージェント）権、16年に海外FA権を取得したが、「ジャイアンツひと筋」の思いを持ち続け、他球団への興味や、もう一度アメリカに挑戦するという考えも湧《わ》かなかった。

この第3章まで、僕の野球人生の軌跡を綴《つづ》らせていただいた。幼少期から引退まで、本当にいろいろなことがあったと思う。こうして改めて振り返ってみると、苦しいとき、怠《なま》けている時期もあったが、野球と向かい合いながら、自分自身が成長できたと強く感じている。そして、ジャイアンツとの縁《えん》や絆《きずな》、そして「ジャイアンツ愛」も、年を経るごとに深まっていったのではないだろうか。

次章からは、そんなジャイアンツで8回というイニングを長く担う中でたどり着いた考え方や、出会った仲間たちとの交流など、角度を変えたテーマで語っていきたい。

第4章

8回の抑え方

～巨人のセットアッパー論・メンタル術～

8回を投げる自分のルーティン

ジャイアンツのピッチャーとして僕が担《にな》っていたのは、先発と抑え投手のあいだをつなぐセットアッパーというポジションだ。セットアッパーは複数人いて、チームが勝ちにいっている試合で、6回や7回、8回などを任される投手を指す。そんな中で、僕のおもな働き場所は、終盤の「8回」だった。しかも、僅差《きんさ》のリードや同点のしびれる局面が中心だ。

先発投手から直接、僕への継投もあった。でも、多くの試合では、7回担当の別のセットアッパーから、8回を僕が受け継ぐ形。そして、9回はクローザーが投げる。まさに、勝利を目指してバトンを順番に渡していくリレーのようなものだ。

僕が長きにわたって8回を主戦場としていた一方で、7回担当のリリーバーやクローザーは、よく入れ替わったように思う。

例えば、7回だと、古くは豊田清さん。もともとクローザーをされていたが、配置転換で僕の前を投げるようにもなっていた。そして、越智大祐、（スコット・）マシソン、福田聡志、高木康成《やすなり》さん、高木京介、宮國椋丞……。

またクローザーは、（マーク・）クルーン、久保裕也さん、西村健太朗、澤村拓一、（アルキメデス・）カミネロなどといった面々。マシソンが9回を投げた時期もあった。

前を誰が投げていようとも、どんな形でバトンを渡されようとも、試合を壊さずに8回を抑え、クローザーに最後を託すのが僕の役目であり、ある程度、その職務は全《まっと》うできたように感じる。

7回でも9回でもない、8回。そこを任され、なんとか務めを果たしてきた自分だからこそ、読者の方へなにかお伝えできることがあるのではないかとも思っている。

ということで、ここからは、僕なりの「8回論」、または、畏《おそ》れ多いが「山口流・8回の抑え方」というようなテーマで語らせていただく。

まずは、8回を担っていたころの現役時代に、登板へ向けて僕がどのようなルーティンをこなしていたか、お話ししてみたい。

普段、プロ野球中継のテレビにはあまり映らないベンチ裏やブルペンの様子だが、セットアッパーの僕がブルペンに向かうのは、試合中盤、だいたい5回の攻防が繰り広げられているころ。それまでにマッサージを受けて体をほぐし、戦闘服であるユニフォームに着替える。球場内にはテレビモニターがあるので、仲間たちの攻防はわかる。

ブルペンに入ってからは軽い運動やストレッチをし、キャッチボールを始めるころには、試合は6回あたり。キャッチャーに座ってもらい、20球から30球ほどを投げ込む。次に、誰かにバッターボックスに立ってもらう。左右両打席に構えてもらって、それぞれ10球くらいを投げ込む。頭の中では「2ボール1ストライク」というふうにカウントを想定し、実戦をイメージしながら投げていた。これが、僕の肩を作るルーティンだ。そして、近い出番に備えて待機する。

肩を作る大まかな流れは、僕以外もこんな感じだが、準備運動の内容、キャッチボールや投球練習での球数や力加減などは、人それぞれだ。

例えばマシソンは、ブルペンに入ったら、まずキャッチャーを立たせたままで軽いキャッチボール。それだけで、待機状態に入る。そして、コーチに「行くぞ」と言われてから、キャッチャーを座らせ、強く投げ込んでマウンドに駆けていく。その球数も10球投げたかどうか、だ。出番がないとわかっている日は、まったく投げ込みをしない。おそらくはメジャーリーグ流なのだろう。アメリカでは「肩は消耗品《しょうもうひん》」という考えだと聞いているので、投球練習で放《ほう》る球数を少なくする調整法が身についているのではないか。

澤村拓一の場合は、その日によって、スタンバイする方法を変えている。一度肩を作って待機し、登板する直前にもう一度というスタイルはほかのピッチャーと同じだ。でも違うのは、受けるキャッチャーには中腰で構えてもらうところ。最後は本番と同じくらい強いボールを投げ、テンションを上げた状態でマウンドに飛び出していくといった感じだ。

ちなみに、澤村は投げるときに声を出す。雄叫《おたけ》びとは少し違って、重い荷物を持ち上げるときに出るフンバリの声だ。力投型の澤村らしいクセで、ほかに声を上げて投げるピッチャーと言えば、僕の知る限りでは高木京介だ。杉内俊哉さんは、対照的に力感がなく、ボールをリリースする瞬間にだけ力を入れるので、声は出さない。菅野智之も声は上げていない。「声を出す選手」の話をさらにつけ加えると、広島から新加入した丸佳浩《よしひろ》も打つ瞬間に声を出すらしい。対戦チームのキャッチャーに「うるさいよ」と注意されたこともあるそうだ。ただ、僕も現役時代に何度も対戦しているが、マウンドまでは聞こえなかった。


また、トレーナー室に行くと、けっこうな人数のピッチャーたちが先に来ていることもあった。指先にできたマメのケアをしているのだ。マメが潰《つぶ》れて途中降板する場面を見たことがある人も多いと思うが、あれはけっこう痛い。幸いにも、僕の指はマメができにくかったので大丈夫だったが、悩まされているピッチャーは意外に多く、指先の定期的なケアが欠かせない。我々からすれば、よく見る試合後の光景だ。

指先と言えば、もう1つ。爪の切り方、整え方にも個性があって、とくに投手陣はそのケアを怠《おこた》らない。一定の長さを保つため、ヤスリでこまめに手入れをする者もいれば、僕のように爪切りでパチンパチンと切る者もいる。切ったあとに先のほうをヤスリで整えるが、爪の表面を強化する薬を塗《ぬ》ることはしない。

さらに、指に関する話を付け加えると、僕は、入浴のときに利き腕である左手の親指、人差し指、中指の3本は絶対にお湯につけないという変な習慣があった。湯船に入っても、その3本の指は、上がるまでお湯から出したまま。野球を始めて、ピッチャーをやるようになってから、ずっとそうしていたのだ。「湯船につけると、指がふやけて投げられなくなる」と教わったからだが、本当かどうかはわからない。しかし、もうそれが習慣になってしまったので、湯船に入るときは自然にそうしていた。今でも、たまに無意識にやってしまうので、知らない人が見たら、吹き出してしまうだろう。

球場の特徴を知って、8回に備える

僕が所属していたジャイアンツのブルペンには、常に一体感があった。マウンドへ向かうピッチャーに対しては、ブルペンにいる全員が口々に気合いの入った声援を飛ばしてくれるので、よりみんなで戦っているような気持ちになれた。

ベンチから指示があって、「いざ、登板」というとき、僕なりに工夫していたことがある。

東京ドームのブルペンはベンチの後方、奥のほうに位置している。そこから、グラウンドの煌々《こうこう》とした照明の下に出ると、すごくまぶしい。とくに照明が少しずつLEDに切り替わっていった2016年以降は、球場全体がいっそう明るくなり、まともに照明のほうを見てしまうと、目の中にモヤモヤとしたものが残り、なかなか消えない。だから、目が球場の照明に慣れるまでは顔を上げないようにしていた。

こうした球場の特徴を知り、自分なりの対処法を見つけるのも重要だ。もちろん、ホームグラウンドだけでなく、ビジターの球場でもベストパフォーマンスができるよう、そこで感じたことを整理しておく必要がある。

球場に関して言うと、あくまでも僕個人の感想だが、ナゴヤドームのマウンドは投げにくかった。傾斜が東京ドームや神宮球場、甲子園球場と異なり、急斜面になっているように感じたのだ。マウンドに立って、キャッチャーの構えたミットを見ると、少し高く感じた。ただ、アメリカのマイナーリーグの劣悪なスタジアムも経験していたので、その時々の状況に対応していこうとする気持ちは、以前から身についている。

また、「違和感」を覚えたのは、地方球場のマウンドだ。ファウルグラウンドの広い球場、とくにホームベース後方が広いつくりになっているところは、バックネットが遠く見える。そうなると、ホームベースまでの距離も遠くなったような錯覚に陥《おちい》るから不思議だ。阪神の本拠地である甲子園球場もバックネットまでの距離が長いが、甲子園では何度も試合を積み重ねていくうちに、違和感がなくなった。それが1年に1回行くか行かないかの地方球場だと、マウンドからの光景が見慣れないせいか、気持ちの面でしっくりと来ない。マウンドのプレートからホームベースまでは18・44メートル。ルールでそう定められており、どの球場も変わらないのだが、変な気持ちになる。

だから、普段、ペナントレースでもあまり行くことのない地方球場が舞台となるときは、試合前に必ずチェックするようにしていた。そうした準備が、自分の持ち場である8回でのパフォーマンスにつながっていく。野球に限らず、どの仕事でもそうだと思うが、やはりリサーチ、事前の準備は大切だ。試合前のほんの数分、マウンドに行って確かめておくだけで、試合本番の気持ちが違ってくる。

前に投げた左ピッチャーが残す軽いストレスとは？

マウンドについて、もう1つ。リリーバーは、予期できない「ストレス」にも対処しなければならない。味方、相手チームに限らず、僕と同じ左ピッチャーが投げたあとのマウンドは投げにくかった。踏み出すほうの右足の着地点が微妙に異なるからだ。

僕の場合は、プレートからホームベース方向に向かって、「スパイク6足分」を目安にしていた。それが「6足半」の左ピッチャーもいれば、同じ6足分でもスパイクのサイズが違って、僕とは少し異なる箇所のマウンドが掘れていたりする。

7回の攻防を終えるとグラウンド整備が入り、係員の方がマウンドをならしてくれるので、一見、まっさらになっている。でも、実際は違う。敵味方に関係なく、左ピッチャーが登板したあとは、右足の着地点周辺の土が、踏み込まれて柔らかくなっている。

まったく同じところには着地できないので、踏み込んだ右足が柔らかいところと固いところを感じるなど、変な違和感がある。だから、左ピッチャーが投げたあとの登板の場合、マウンドに行くと、まず、右足の着地点の周辺をスパイクの歯で掘り返す。そして、自分で整えてから投球練習を行った。

ちなみに前のピッチャーが右なら、たとえ投げ方が汚《きたな》くて踏み出した足でいくら土を掘ったり荒らしたりしていても、僕がステップする位置とは遠く離れているので、影響はない。

先発ピッチャーはグラウンドキーパーが仕上げたまっさらなマウンドに、自分の足跡をつけていくのが「快感」だと言われている。逆に、踏み荒らされたマウンドに行くリリーバーは、常に軽いストレスを感じているはず。同じ利き腕ながらも足のステップ位置が微妙に異なる投手が前に投げていた場合は、なおさらだ。

8回ごろの終盤に投げるピッチャーは、そうしたストレスと常に戦っている。それを乗り越え、いかに平常心を保てるか。強いメンタル力を養っていかなければならない。

声援を無視しなければならないとき

起用される場面によっても異なるが、「勝利の方程式」に組み込まれているリリーバーは1イニングずつを任されることが多い。その1イニングのために、全体練習が始まる前に球場入りして自主的に体を動かし、ブルペンで準備して試合に臨む。試合後もウエイトなどのトレーニングを欠かさない。マウンドで投げるのは、せいぜい20球程度だ。「たったそれだけの投球数のために、なぜそこまでするの?」と聞かれるくらい、ジャイアンツのリリーフ陣は懸命に練習している。これは、8回担当だった僕も、それ以外のイニングを担うピッチャーも変わらない。

早出をして、居残りをしてまで練習するのは、僕らリリーバーだけではない。先発ローテーションを託《たく》された内海哲也さん、菅野智之、田口麗斗《かずと》らも同様で、坂本勇人や岡本和真《かずま》、小林誠司《せいじ》、ベテランの阿部慎之助さんら野手陣もそうしている。

勝ちたいから、そして、チームとして優勝、日本一という共通の目的に向かって一緒に走っているから、たとえ試合に出なくてもベンチから応援できるのだ。

1イニングをゼロに抑える責任を果たし、ベンチに帰ると、みんながハイタッチで迎えてくれる。達成感、安堵《あんど》感とともに、心地《ここち》よい疲労感にも包まれる。ある意味、至福の瞬間だ。そのとき、「おい、もう1回頼むぞ」と、首脳陣に声をかけられる場合もある。いわゆる「イニングまたぎ」だ。相手打線を抑え、気分を良くしているので「もう1イニング、行ってみたい」という欲も出てくる。

「わかりました、やらせてください」と快諾《かいだく》し、2イニング目の準備をする。味方打線の攻撃が2アウトになってからベンチ前に出てキャッチボールをするのが一般的だ。メジャーリーグや国際試合では禁止されているが、日本ではOK。このベンチ前のキャッチボールによって、次イニングのマウンドへ向かう前の準備を行い、気持ちを落ち着けてきた。

そのようなイニングまたぎの際に、こんなエピソードもあった。

あのときも、いつものようにベンチ前でのキャッチボールをやっていた。すると、東京ドームの一塁側内野スタンドで観戦中のファン、それも顔を向けたら目が合ってしまうくらい近くに座っていらっしゃる方から、「山口さーん」と声をかけられた。

さらに続けて、「山口さーん、山口さーん」と連呼。たいへんありがたいことではあるが、試合に集中しなければならないので、聞こえないふりをさせてもらった。球場によっては、このようにファンの声がダイレクトに聞こえてくることがある。例えば、神宮球場。ブルペン自体が球場のファウルグラウンドにあるため、前列のお客さんが話しかけてくることもあれば、お客さん同士の会話が聞こえてきて、集中できなくなってしまうときもある。

こういうとき、僕はグラウンドのほうを見て、ファンの方の声援に気を取られないように努めていた。頭の中では、「味方打線が爆発して、僕まで打順が回ってこないかな。そうしたら、代打が送られてイニングまたぎをしないですむのに」などと考えたりしている。

ファンの方の声援は、マウンドに上がっても聞こえてくる。とくに、ホームである東京ドームの大歓声はすごい。それでも、集中力が途切れるようなことはなく、むしろ、闘争心みたいなものが高まってくる。こういった「ヤマグチ・コール」や、守っているジャイアンツ選手のファインプレーに対する歓声や拍手というのは、「会話」や「個別に話しかけられたようなエール」と違って、まったく気にならないものだ。声援は大音量で聞こえてはいるのだが、遮断《しゃだん》された世界。そんなふうにもとらえていた。

対照的に、左肩を痛めて二軍のジャイアンツ球場で調整していたときは、ファンの方の個々の声援がマウンドまでダイレクトに聞こえた。同じ本拠地球場でも、これだけ違うのだ。

8回など試合終盤になると、ファンの声援もいっそう熱を帯びてくる。そんなファンの思いを力にしつつも、自分をコントロールすることが求められるのだ。

登板間隔が空《あ》きすぎる恐怖と戦うメンタル術

セットアッパーという職責は僕に適していると感じることが多い。精神的負担の大きい最後の9イニング目を投げるクローザーより、毎日ブルペンで肩を作る必要があり、登板数も多くなりがちで肉体的負担が大きくても、セットアッパーのほうがいいと思っている。とはいえ、もちろんセットアッパーにも、精神的な圧迫がある。

先発に比べて、セットアッパーなどリリーバーは、感情や精神面がピッチングに影響しやすいものだと思っている。

試合が始まれば、まず、自分なりに展開を読んで、登板指令のタイミングを予測する。それに合わせて、投球練習のピッチを上げるわけだが、気持ちがいちばん高揚《こうよう》しているときに「行け！」と言われるとは限らない。

個人的には、8回であろうと、違う回だろうと、イニングの頭から投げるほうがやりやすい。でも、イニングの途中、それもランナーがいる場面での登板となると、「いやだな。打たれたらどうしよう」と不安になる半面、「抑えなきゃ！」とうまく気持ちが切り替わったときは、いつも以上に集中できていたりもする。

登板のないときも、「怖《こわ》い」と思う日があった。出番のない試合が続くと、心配になってくるのだ。普段は「投げたくないな」と思っているのに、実際に登板がない日が続くと、「あれ、大丈夫かな？」と心がざわついてきて、変に調子を崩《くず》していないかと、不安になってしまう。だから、登板間隔が2、3日空《あ》くと心配でたまらなくなり、ブルペンでの投げ込み量も意識して増やしていた。

登板があるかないかは、めぐり合わせだから仕方ないのだが、心配になったら、自分なりになにか考えて、対処しておくべきだと思う。

ジャイアンツの仲間たちが自ら率先して球場に早く行って自主的に練習をし、さらに試合終了後も練習をするのは、良いパフォーマンスをするためだ。ベテランの阿部さんが黙々と練習している姿を見たら、後輩たちも努力することの尊《とうと》さを知る。勝ちたいなら練習するしかない。「自分も頑張らなければ」と誰もが思ったはずだ。当たり前の考えだが、試合前の練習、試合後の居残りを積み重ねていけるかどうかで、4、5年先の自分の成績も変わっていくに違いない。

野球以外のスポーツ競技もそうかもしれないが、メンタルの揺《ゆ》らぎがパフォーマンスにも影響を与えることはある。いかに自分の中にある不安を消していくか、その自己制御ができるかどうかが、好結果につながっていくのだろう。

イケイケの攻撃をかわして「試合の流れを壊さない」のが責務

クローザーへのつなぎ役のセットアッパーとして、僕なりに考えるいちばん重要なことは、「試合の流れを壊さない」。試合を締めくくる9回に出てくるクローザーは、誰よりも1イニングをゼロに抑える力のあるピッチャーだ。相手チームは、そのクローザーから点を取るのは難しいことなので、その前に得点をあげよう、と考えてくる。そんなイケイケの攻撃的な状況となるのが、とくに「8回」だ。走者のいない場面でも、本当に8回はまったく気が抜けなかった。代打攻勢もあった。1点差ともなれば、1球のミスがホームランとなり、同点や逆転につながることもある。たとえ失点がなかったとしても、走者をためるなど相手チームに9回の最後の攻撃につながるような流れ、勢いを与えないことが大切で、それがセットアッパーの役目だと思っている。

「試合の流れを壊さない」というのは、非常に漠然《ばくぜん》とした目標ではあるが、厳しい場面でマウンドに上がり、バッターと対峙《たいじ》したときに、今さら細かい技術論を考えてもどうしようもない。それよりも、大きな考えで自分を包み、持てるものをすべて出しきることに集中する。そうすることで、どうにか8回を乗りきれていたのだ。

究極の理想は3球で三者凡退

09年、僕はセットアッパーとしての信頼を得るため、1つの課題に取り組んだ。それが、シュートの習得だ。前年の08年シーズン、67試合に登板することができ、少しはチームの優勝に貢献できたとは思っていた。でも、課題も見つかった。左バッターの内角を突くコントロールが、当時の僕にはまだなかった。おもにスライダーをウイニングショットに使っていたのだが、どのチームにも左の強打者は多い。彼らは、僕がインコースを突いてこないと見透《みす》かし、外角に逃げていくスライダーを、右足を踏み込んできて強振していた。

このままではいけないと思った。そこで、コーチ陣のアドバイスもあり、このオフに取り組んだのがシュートの習得だった。シュートはスライダーとは真逆の、左バッターの内側に曲がる。ウイニングショットになるような完成度には至らなかったが、「今年の山口はインコースも投げるぞ、外角一辺倒ではないぞ」と印象づけるだけでも、対戦が有利になった。チームに貢献し、多少なりとも結果を残したシーズンのあとだからこそ、他チームの僕に対する分析、警戒も厳しくなる。ならば、さらにその上を目指さなければならない。

また、ジャイアンツの中で生き残るには、それなりの自己アピールも必要となってくる。

当時なら、横浜や巨人に在籍した（マーク・）クルーンや東京ヤクルトの由規《よしのり》投手（現東北楽天）、今なら大谷翔平《しょうへい》選手（ロサンジェルス・エンジェルス）のように160キロを超える剛速球が投げられるのならともかく、僕は特段速いボールを投げられるタイプでもない。また、鋭い角度で落ちるフォークボールなどの突出した変化球で三振を奪えるようなピッチャーでもない。そんな僕が心がけていたのが、四球を出さないことが大前提で、いかに少ない投球数で3つのアウトカウントを取るか、だった。投球数を少なくすることばかりにとらわれていると、真ん中に集まってしまう。配球はキャッチャーにほぼお任せしているので、「外せ、ボールになってもいい」とのサインが出れば、素直にそれに従うが、投球数が少なければ、味方が守っている時間も短くなり、攻撃のイニングに転じたときにも良いリズムを与えられるはずだ。

理想はもちろん三者凡退、それも内野ゴロ3つ。そのためには、「低め中心」のピッチングが必須。高めに失投してしまえば、一発を食らう危険性もある。低めにボールを集めるのは当然のことかもしれないが、ゴロの打球であれば、味方のファインプレーで助けてもらえる可能性も生まれる。また、ヒットを打たれたとしても、守りのリズムはさほど崩れない。ホームランや四球は絶対に避けなければならないのだ。

球数は少ないほうがいい。そして、ゴロアウトを3つ。究極を言えば、3球を投じて、内野ゴロ3つで「8回の守備」を終了させることだ。もっとも、相手打線を抑えるのに無我夢中で、3球で終了させようなんて考える余裕もなかったが……。とりあえずは思いきり腕を振って、キャッチャーミットを目がけて投げ、結果的にファウルであっても、ストライクカウントが取れていれば良しとし、僕は精神的に優位に立つことができた。

セットアッパーに必要な要素は、開き直りと度胸。僕が8回などで登板するときは1点を争う場面ばかりなので、開き直らなければやっていけなかった。開き直ることができるようになるには、心の支えになるだけの根拠、つまり「技術」を磨くしかない。僕の場合は、どんな球種でもストライクが取れるように練習した。だから、キャッチャーの阿部さんが求めるボールを正確に投げられるよう、持ち球それぞれの精度を高めようと思ったのだ。

四球を出すくらいなら打たれたほうがいい

若手時代と30歳を過ぎたころとでは、同じ8回を担っても、考え方が少し変わってきた。とにかく、四球は出さないこと。四球を出すくらいなら、ヒットを打たれたほうがいいという考えは最後まで変わらなかった。でも、年齢を重ねると、ただ「阿部さんのミットを目がけて、思いきり腕を振って」というスタイルから、少し変化が出てきた。全力投球の気持ちは若いころと同じだったが、40ページでも触れたように、「どういう意図があって、阿部さんは今のサインを出したのだろう?」と、配球についても考えるようになった。そして、試合後の控え室などで、阿部さんに、「あの場面で、あの球種を要求されたのはどういう意図なんですか?」と聞くと、前に投じたボールの意味、そしてその次に要求する球種があって、布石にするためだった等々、明確に、そして丁寧《ていねい》に教えてくれた。

今振り返ってみると、阿部さんにはすべてを支えてもらっていた。ブルペンで登板の準備をしていると、調子の良し悪《あ》し、変化球の曲がり具合がいつもと違うときもある。プレイボールのかかる前の投球練習がすめば、僕がなにも言わなくても、阿部さんにはその日の調子が伝わっていたと思う。

対して、僕の現役晩年、バッテリーを組むことが多かった若い小林誠司には、「今日は、この変化球が……」と、口頭で伝えていた。小林も良いキャッチャーではあるが、当時は阿部さんのように以心伝心というわけにはいかなかった。

基本的に、僕はキャッチャーの出したサインに首を振らない。配球はお任せだが、キャッチャーがイメージしていたボールがいかなければ、相手バッターの裏をかいた好リードでも痛打を浴びてしまうことになりかねない。そういう失敗を未然に防ぐため、30歳を過

先発、リリーフを問わず、ジャイアンツ投手陣から絶大なる信頼を得ている阿部慎之助さん。

ぎたあたりからは、セットアッパーとして、キャッチャーへも気を配るようになった。経験を積み重ねてきた分、少しはまわりを見る余裕ができたのかもしれない。

左バッターや代打の切り札に負けないための鉄則

左のセットアッパーというのは、現代の野球では不可欠。どのチームにも左の好打者が存在し、また勝負どころの代打で左バッターが出てくることも多い。東京ヤクルトの山田哲人《てつと》選手に代表されるように右打ちのスラッガーも誕生しているが、僕の印象で言えば、左打ちの強打者はむしろ増えているのではないだろうか。例えば、左のスラッガーだと、柳《やなぎ》田悠岐《たゆうき》選手（福岡ソフトバンク）、筒香嘉智《つつごうよしとも》選手（横浜ＤｅＮＡ）など。左の代打の切り札で言えば、先発での出場もあるが、鳥谷敬《たかし》さん（阪神）、田中賢介さん（北海道日本ハム）、今のジャイアンツなら阿部慎之助さんが担うこともある。

そういう左バッターに対して多く起用されるのが、僕のような左ピッチャーだ。ブルペンで試合をイメージしながら投げ込むときは、必ず左バッターが打席に立っていることを想定した。こうした左の強打者との対戦を含めた準備だが、まず、試合前の全体ミーティングでスコアラーのみなさんがまとめてくださったデータに目を通す。頭の中にインプットはするが、頼りすぎない。対戦バッターたちの好不調、どんなコースの、どんな球種を打つ傾向にあるのかを知るのは、重要な準備作業だが、データにとらわれすぎるのも良くない。というのも、強打者は、基本的にどのコースもまんべんなく打つ。「このコースを打っているから、気をつけろ」といった、スコアラーさんたちのまとめたデータはわかりやすいのだが、ヒット、ホームランを打っていないコースは少ない。限られたゾーンしか残っていないのだ。だから強打者として君臨している。

僕は、その打者が得意な「要注意コース」ではなく、苦手としている「打たれていないコース」を意識してインプットするようにしていた。当然、強打者は要注意コースばかりで、「投げるところ、ないじゃん!?」という気持ちにさせられる選手もいた。だから、「ここは投げちゃいけない」ではなく、「ここを攻めて打ち取ろう」と考えるようにしていたのだ。また、要注意の強打者と対戦するとき、2アウトでランナーもいない場面であったら、「四球で歩かせてしまっても仕方ない」と考えるときもあった。基本的には四球を出してはいけないことだと思っている。でも、最終判断として、四球と、本塁打を打たれることを天秤《てんびん》にかければ、後者は絶対に防がなければならない。

対照的に、不退転の決意で臨んだのが、8回などに代打起用されたバッターとの勝負だった。4番バッターとの対戦であれば、それは打順のめぐり合わせであって、受け入れるしかないが、代打は、当然ながら「山口キラー」として送り込まれ、その準備もしている。そういったバッターにまんまと打たれるようなら、もはやセットアッパー失格。だから、僕は代打との勝負にだけは、とくにギアを上げて投げていた。

引退した今だから告白すると、代打とは限らないが、苦手なタイプのバッターが何人かいた。それは、ここまで話してきたような左のスラッガーとは真逆《まぎゃく》と言える、右バッターでコツコツとバットに当ててくるタイプ。

阪神の上本博紀《うえもとひろき》選手や俊介《しゅんすけ》選手、横浜DeNAの大和《やまと》選手、元東京ヤクルトの飯原誉士《いいはらやすし》選手（現在は、BCリーグの栃木ゴールデンブレーブス ヘッドコーチ兼任選手）、同じく元東京ヤクルトの比屋根渉《ひやねわたる》選手（現在は、社会人の大和高田《やまとたかだ》クラブに所属）らだ。

彼らのような右バッターで、コンパクトに当ててくるスタイルが、どうにも苦手だった。彼らには痛打を浴びたこともあり、その悪いイメージがトラウマのように残っていた。

クセという弱点を逆手《さかて》にとる

次に、クセについてお話ししたいと思う。クセというのは、どの選手にもついて回るもので、とくにピッチャーはクセがバレていないかとナーバスになりがちだ。

8回などの終盤では、そうしたクセが致命傷になることがある。1点を争う中で、投球フォームのクセのために球種を打者に見破られたら、試合を決める一打を食らってしまう危険性は飛躍的にアップする。また、代走に起用された足のスペシャリストなどにモーションを盗まれて盗塁でもされたら、失点の可能性も高まっていく。

ただ、クセをうまく利用すれば、自分を助けてくれる存在にもなる。僕がクセに関して経験したことをお話ししたい。

近年、プロ野球界では、ランナーがいない場面でもセットポジションで投げるピッチャーが増えてきた。ジャイアンツの先輩でもある杉内俊哉さんは、ランナーを出しても投球フォームが変わらないように、常にセットポジションにしていたそうだ。

僕はランナーを出さない限り、ノーワインドアップで投げてきた。そこに哲学や特別な理由はない。ただ、セットポジションよりも投げやすいと思っていたからだが、あるとき、コーチや先輩方にこんな指摘をされた。

「おい、変化球を使うときと真っ直《まっす》ぐのとき、動作が違っているぞ」

自分でもまったく気づかなかったのだが、ある球種を投げるとき、顔のそばにあるグラブをパクパクさせているという。映像で確認してみたら、そのとおりだった。すべての球種において同じ動作をしていると思っていたが、そうではなかったのだ。

当然修正したのだが、それだけではもったいないので、クセを逆手にとって、ほかの球種を投げるときもグラブをパクパク動かしたり、パクパクさせる回数を増やしてみた。相手を混乱させる狙《ねら》いだ。

この作戦は、最初のうちはうまくいっていた。でも、しばらくすると、アレンジした動作にもクセがあることを指摘され、それを映像で確認し、急いで修正することになった。

どの球団にも対戦チームの選手やその特徴、クセなどを分析するスコアラーがいる。見破ったり、見破られたりの繰り返しだ。それが日常の風景ではある。また、二塁にランナーがいて、そのランナーが覗《のぞ》き込もうと思えば、こちらのグラブの中にあるボールの握りだってわかってしまう。

ご存じのとおり、ワインドアップ投法は下ろしていた両腕を大きく、頭の上まで振りかぶって投げる。僕のようなノーワインドアップ投法も、胸や顔のあたりまでは腕を動かす。動作が大きくなれば、その分、クセも出やすく、また見つけやすくなるのだろう。走者のいない場面でもセットポジションで投げるピッチャーが増えたことも、動作が少ないことに理由があるのかもしれない。

いずれにせよ、クセに対して早く気づき修正すること、そしてそれをうまく活用することも、プロ野球の世界には必要なのだ。

ネガティブだからこそ結果を残せる思考法

リリーフピッチャー、とくに勝ちパターンで起用されるセットアッパーやクローザーは、164ページでも触れたように、「抑えて当然」のポジションだ。相手打線をしっかり封じたときは、スポーツメディアであまり報じてもらえない一方で、試合を決めるような手痛い一発を食らったときなどは、けっこう大きく取り上げられやすい。僕の場合も、「そういう職業なんだ」と割りきっていたが、普段から、救援に成功しても、目立たないように努めていた。「目立たなければ、失敗したときに大きく扱われないですむかな」と思ったからだが、その効果があったかどうかはわからない。

ジャイアンツはメディア露出度の高い球団なので、そういったチームの一員であることを自覚し、少しでも勝利に貢献できるよう、自分なりに練習してきた。必死に練習できたのは、マウンドに上がったときの怖さを知ったからでもある。39ページでキャッチャーの阿部さんから「思いきり腕を振れ」と励まされた話をしたが、マウンドでは度胸と開き直りが大切だ。僕は「打たれたらどうしよう」「できれば投げたくないな」とマイナス思考に陥りがちだったことも、これまで33、130ページなどでお伝えしてきたとおりだ。だったら、「打たれたらどうしよう」とおじけづくよりも、「こんなにたくさんやったんだから、大丈夫だ」とマウンドで開き直れるだけの練習と準備をするしかない。そうすれば、不安を軽減できる。

ネガティブな思考というのは、一般的には良くないとされる。ただ、それを原動力とすることで壁を破ったり、より慎重に行動できるなら、ネガティブも悪いことではない。僕が、競《せ》ったゲームの「8回」という緊迫した場面で、慎重な投球ができて結果を出せたのも、もともとがネガティブな人間だったからだ。だから練習をした。というより、練習をすることでしか怖さを消すことができなかった、というのが本音だ。もし、ネガティブな思考で悩んでいる読者の方がいたら、無理やりポジティブになろうとせず、ネガティブを突き詰めて考え方をシンプルにしたほうが、打開策が見えるかもしれない。

プロ野球界でも、僕ほどネガティブで弱気な選手はいなかったと思う。それでも、なんとか結果を残すことができたのだから、克服できない人はいないのではないだろうか。

ブルペンでの登板順の読みと、リリーフ陣の一体感

繰り返しになるが、8イニング目などにセットアッパーで登板するときは、「投げたくないなあ」と、ネガティブな気持ちになった。性格だから仕方ないのだが、ブルペンで肩を

作っている最中、登板したときはなんとしてでも相手打線を抑えたいと思うあまり、実戦に近い投げ方をしていた。試合で投げる力が１００だとしたら、ブルペンでは80くらいの力で投げ込んでいた。軽く、10球程度を投げて、「行くぞ」の登板指令があるまで体を休めているマシソンとは正反対だ。

先発ピッチャーが頑張って、味方打線も爆発すれば、僕たちはブルペンで待機になる。試合の主導権も握っているので、みんなもリラックスムードとなり、そのときばかりは野球以外のおしゃべりもする。車の話、テレビ番組の話題など本当にくだらない話ばかりだが、試合の様相が変わってくると、そんなムードも一変してしまう。

相手チームの打順を確かめれば、右投げのリリーバーが行くか、左ピッチャーの僕が先か、だいたい見当がつく。「次は自分だな」と察したピッチャーは、投げ込みにも熱が入る。そのときは絶対に話しかけたりしない。集中力を高めている仲間へのエチケットであり、暗黙のルールだ。登板のゴーサインが出ると、最後に強いボールを放《ほう》る。ブルペンでボールを受けてくれるキャッチャーも乾《かわ》いた捕球音を響かせてくれる。

「ナイスボール」「頑張れよ！」などとブルペンにいる仲間が次々と声をかけ、全員で送り出す。ある種の儀式のように、全員で激励《げきれい》し、若いピッチャーが紙コップに入れた水を渡し、タオルを持っていく。登板の指令を受けたピッチャーは緊張感でカラカラになった口の中を濡《ぬ》らすように水を一口か二口飲み、タオルで顔を拭《ふ》く。最後に、グータッチで送り出す。いつからなのかはよくわからないが、誰がマウンドに行くときもそうしていた。こうやって送り出してもらうと、僕の場合、マウンドでは1人でも、「仲間たちとともに戦っているのだ」と前向きな気持ちになれた。

逆に僕が送り出す側のときは、「頼んだぞ！」との思いを込めて、グータッチの拳《こぶし》を出していた。他球団のブルペンがどうなのかはよく知らないが、こういう一体感がジャイアンツにはあって、何度も励《はげ》まされ、そして僕も、登板していくピッチャーを励ましてきた。

眠れなくなった先発経験が、本業のセットアッパーに生かされた

入団以来、セットアッパーを本業としてやらせていただいたが、第3章でお話ししたように、先発やクローザーも、短期間ながら務めたことがある。ここでは、そのときの体験にもう一度触れながら、先発・クローザーとセットアッパーの違いを、より深く掘り下げたい。

まず先発についてだが、これは10年に2試合だけ経験。でも、そのわずか2試合で、ピッチングに関する別の怖さを知った。それは緩《ゆる》いボールを投げるときだ。

長いイニングを投げる先発では、スタミナ温存のため、また、緩急《かんきゅう》で目先を変えるため

にも、ときに抜いた球も使う。ただ、これが「こんな緩い球、打たれるんじゃないか!?」と本当に怖かった。同時に、自分は常に全力投球するタイプなんだ、と知ることができた。

2試合で元のセットアッパーに戻った経緯は146ページに詳しく書いたが、あのまま先発ピッチャーとして現役を続けていたら、どうなっていたか……。

ひょっとしたら、原辰徳監督の中で「先発で起用するのは厳しい」という判断が早々になされていて、セットアッパーに戻すタイミングを見計らっていたのかもしれない。勝ち星が1つついたところで戻るよう声をかけてくださったことには感謝しなければならない。

今だから告白できるが、先発転向後、眠れない日もあった。ふとんに入っても、なかなか寝つけず、パソコンの前に座って、自身の投球シーンを映像サイトで見るだけでなく、シャドウピッチングまで始めてしまったこともある。真夜中に、だ。

それでも、原監督には貴重な時間をいただいたと思っている。ピッチングについて改めて真剣に考え、悩み、自分自身と向き合うことができた。だから、先発初勝利は心からうれしかったし、もっとチームに尽くそうと思った。

先発ピッチャーの苦労がわかった分、リリーバーとして失敗は許されないとの思いも増した。そして、チームに尽くすことにおいて、先発、セットアッパー、クローザーといったポジションの重さには違いがないことも実感することができたのだ。

142ページでお話しした初先発の広島戦（10年4月3日）、4回途中で降板した僕には猛省させられたことがある。不甲斐《ふがい》ない自身のピッチングもそうだが、そのあと、久保裕也さんなど6人のリリーバーを登板させたことだ。

延長戦でもないのに、僕を含め、1試合で7人のピッチャーが投入されるのも異例だが、6人ものリリーバーに登板を強《し》いたのは、先発ピッチャーとして本当に申し訳ないと思った。ジャイアンツには「仲間のためになんとかしたい」という、団結心が強い。これに僕は救われた。今度は救われた分を少しでもお返ししたいと思って2度目の先発マウンドに臨み、7回3分の2を投げて3失点。先発初勝利をつかむとともに、そのあとのリリーバーの起用も2人ですますことができた。

様々な役回りに真剣に向き合った時間は、決して無駄にはならないのだ。

ひきこもりになったクローザー経験も、その後の8回登板に役立った

続いて、クローザー経験がその後のセットアッパーの職務にどう影響したか、記していきたい。胴上げ投手となった12年の日本シリーズ第6戦は特殊な例として、レギュラーシーズンの中でクローザーを正式に託されたのは、11年4月（147ページ参照）。一時的で

はあったが、チームの事情もあって、僕が最後を締める立場となった。

あのときを振り返れば、真っ先に「とにかくしんどかった」のひと言が出てくる。クローザーはピッチャーとしていちばん難しいポジションだと思う。先発、セットアッパーとは異なる難しさ、メンタルの強さが求められる。相手打線をゼロに抑える力が最もある者でなければ務まらない。セットアッパーなら、救援に失敗しても自軍の攻撃イニングはまだ残っているが、クローザーは、「1球」が勝敗に直結してしまう。失投を痛打されれば、場合によってはそこでジ・エンドとなる。

そもそも、セットアッパーとしてやってきて、とくにマウンドに上がって多少なりともチームの勝利に貢献できた日は、そのあと、チームのみんなと一緒に食事に行くのが楽しかった。その食事が僕のリラックス法にもなっていて、

「今日もみんなと楽しく食事ができるよう、頑張ろう」

と、モチベーションにもなっていたくらいだ。

ところが、クローザーだった当時は、その「1球」の怖さがいつまでも消えず、試合後にみんなで食事に出かけても、心から楽しめなかった。そして、いつからか、外を出歩かなくなった。遠征中でも、「すみません、今日は……」とお誘いをことわって、ホテルにこもることが多くなった。

クローザーは、勝敗の全責任を負う立場。この重大な役目を負うと、精神的に切り替えができなくなる。全員がそうかと言うとまた違うのだろうが、僕はブルペンで登板準備を始めると、セットアッパーのときよりも投球数が多くなってしまい、調子を維持することもできなくなってしまった。

僕のように、メンタル的な弱さがあるピッチャーはクローザーには適さない。

一般的には、前述のように、セットアッパーのほうがクローザーよりも肉体的負担は大きいと言われる。セットアッパーは勝敗に関係なく登板があるので、ほぼ毎日、ブルペンで肩を作らなければならない。その一方、クローザーが肩を作るのは勝ち試合のみだからだ。ただ、それはあくまでも肉体的な負担の話であって、精神面の話をすれば、僕は断然、クローザーのほうがキツいと思う。

そういう意味では、僕はジャイアンツからピッチャーについてたくさんのことを学ばせていただいたと思っている。先発、クローザーの経験は、8回などを担うセットアッパーを続けていくうえでも大いに役立った。

第5章

仲間たちとジャイアンツ愛

～成長させてくれた交流～

仲間たちの個性的な調整法

ここまでも、ジャイアンツの大切な仲間たちについてお話ししてきたが、本章では、より個性的な素顔がわかるような彼らの裏話をさせていただこうと思う。

育成選手から支配下登録、そして一軍の戦力へと僕を成長させてくれたのは、原辰徳監督をはじめとする指導者のみなさん、さらにはジャイアンツOBの方々、そして素晴らしいチームメイトのおかげだ。彼らとめぐり合い、優勝、日本一という共通の目標に向かって切磋琢磨《せっさたくま》した時間は、かけがえのない思い出となった。彼らがいなければ、今の僕はないと思っている。

208ページで試合後に仲間と食事に行くのが楽しみで、リラックス法にもなっている話はした。でも、ジャイアンツの選手は、試合が終わってすぐに夜の街に繰り出しはしない。体調管理や試合での疲れを残さないため、そして、好調さを維持するために居残り練習もする。

僕は疲れていても、ウエイトトレーニングはノルマとして自分に課してきた。最低でも週2回は行うようにしていた。登板後に肩を休めるためのクールダウンではなく、筋力のアップ、あるいはキープのためで、けっこうハードなメニューをこなしていたと思う。でも、どういうわけか、投げ終わったときの疲れよりも、ウエイトトレーニングをしたときのほうが強く疲れを感じた。でも、その疲れというのは、いやな感じがしない。むしろ、筋肉の疲労を感じていたほうが、翌日も投げやすいとさえ思っていた。

東京ドームでの主催ゲームが続くと、時間もたっぷり取れるので、ウエイトトレーニングのメニューもいろいろこなすことができた。

ほかのリリーフピッチャーたちも、ウエイトだけでなく、エアロバイクやランニングマシンを使ったりと、各自違うメニューで、ほとんどが試合後に残ってトレーニングを行っていた。ほかの人の練習を参考にさせてもらうこともある。その点に関しても、僕の性格が出てしまう。ハードな練習を行っている人が気になるのだ。

どういう練習なのか、目的や、どの箇所を鍛え、どんな効果があるのか聞くと、教えてくれる。知らなかったことがわかると興味も出てくるので、実際にやってみる。

僕は、どうしても厳しいほうを実践したくなってしまう。高校までは練習嫌いだったのに、ジャイアンツの練習熱心な仲間たちの中に入ってからは、ラクをするため、または体を休めるために早く帰るということができなくなった。ラクをすると体が退化し、厳しいことをすればその分だけ進化できるという考えにとらわれていたのだ。

そんな考え方と対照的なのが、外国人ピッチャーたちだ。僕らが試合後にウエイトトレーニングを始めても、スッと帰る。サボりではなく、これはスタイルの違い。聞いてみたら、彼らはオフのあいだ、ガンガンにウエイトトレーニングをやって体を鍛え上げているそうだ。そうして開幕までに積み上げた「筋肉の貯金」みたいなものをシーズン中に吐き出し、またオフに鍛え直すという考え方なのだ。「なるほど、そういうやり方もあるのか」と共感できる部分もなくはないが、この方法は僕にはマネできないと思った。実際、(スコット・)マシソンらは、オフになるとしっかりとウエイトトレーニングをやって、筋力を貯め込む調整を続けていた。僕がそういう体質にチェンジするには、かなりの時間を要するだろう。素直に「すごいな」と思うしかなかった。

マシソンとは、いつも英語で会話をしてきた。そう言うと、英会話が得意だと思われると困るので、先にことわっておく。ほんの少しだけだ。アメリカのルーキーリーグにいた経験があるので、「なんとかなるかなあ?」と思って話しかけたら、少しだけ通じたのだ。その拙《つたな》い英語で得たマシソンの印象は、好人物で、頭の良いピッチャーだということ。メジャーリーグを経験して来日した外国人選手には、練習でもアメリカ式を捨てられず、日本のプロ野球界に馴染《なじ》めないまま帰国してしまう者もいた。でも、マシソンは日本独特の長時間の全体練習も拒《こば》まない。

また、外国人ピッチャーの投球フォームは一般的に大きく、盗塁が阻止しにくい。そこを執拗《しつよう》に突いてくる攻撃も見られるが、マシソンは日本の野球スタイルを受け入れ、クイック投法なども自分のスキルとして磨き上げていった。試合後、球場に残って練習をすることはしないが、「やるときはやる」「休むときはきちんと休んで鋭気を養う」というスタイルを見て、非常にクレバーな選手だと感じている。

マウンドに集まったときの内緒の会話

次は、ブルペンからマウンドに向かったときの仲間の話をしよう。マウンドに行くと、キャッチャーと内野手が集まって迎えてくれる。実は、途中から試合に入るのはけっこう難しいことだが、チームメイトに出迎えてもらうと、その空気にスッと自然に入っていける。ほかのピッチャーがリリーフ登板したときはわからないが、僕がマウンドに立つときは明るく出迎えてくれることが多い。マイナス思考な僕の性格を知ってのことだと思うが、村田修一さん、片岡治大さんがまだ現役だったころ、こんなことがあった。

ピンチで僕の登板がアナウンスされた。マウンドに向かうと、キャッチャーの阿部慎之助さんのほか、村田さん、片岡さん、（坂本）勇人ら内野手が集まっていて、

「来た、来た」

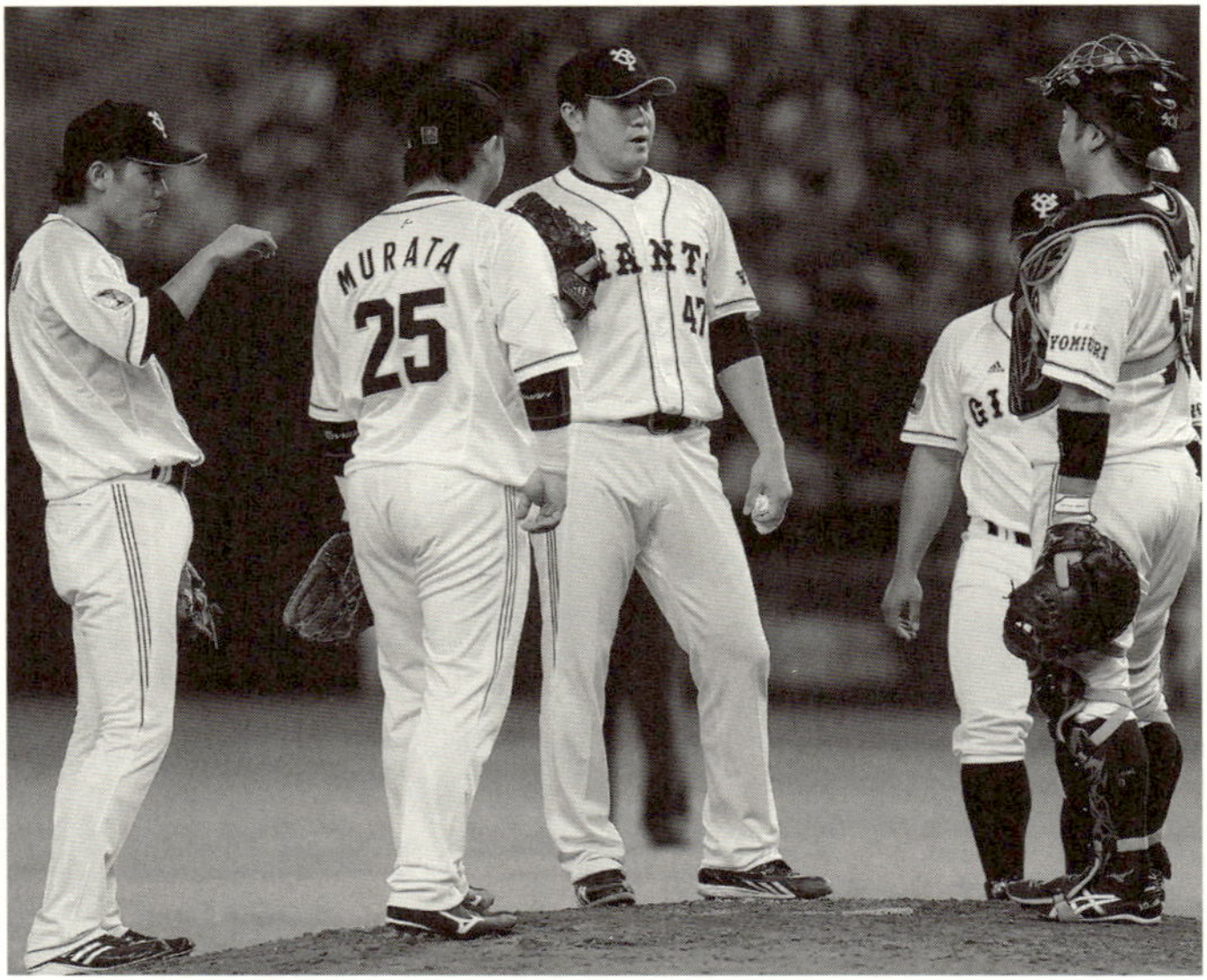

ピンチでマウンドに野手が集まったとき、たわいない話をして緊張をほぐしてくれることもあった。

と、にやけながら、僕を待ち構えていた。

「また、怖《こわ》い顔して来て」

「緊張しているのか?」

ピンチの局面とは思えないような冷やかされ方だった。

「やめてくださいよ。ここで笑っていたら、僕が変だと思われちゃうじゃないですか」

こんなやりとりで、僕の緊張感が一気にほぐれたのは言うまでもない。

もちろん確認事項として、ランナーがどの塁にいて、1点を失ってもアウトカウントを積み重ねていく場面か、それとも無失点で切り抜けるために内野手が前進守備の態勢をとるのかなど、大事な話もする。グラブで口元を隠すのは会話がバレないようにするためだが、僕をからかうなど関係のない話をするときも、もうクセなのか、グラブを口に当てている。ただ、僕としては、緊張がほぐれるので、ありがたい限り。良い思い出となっている。

長嶋茂雄さんにポンポンしてもらえば出世する

験担《げんかつ》ぎのようなものとして、ジャイアンツのピッチャーには、春季キャンプにおける「伝説」が存在する。

それは、もはや宮崎キャンプの名物として定着している、長嶋茂雄終身名誉監督の激励訪問時の話。ジャイアンツOBで球界のレジェンドでもあり、監督も長く務められた長嶋さんにポンポンと肩を叩《たた》かれた選手は、好成績がおさめられるというものだ。正確な日付けは覚えていないが、僕も肩を叩かれ、本当に好成績を残すことができた。

長嶋さんはキャンプ訪問のとき、グラウンドだけでなくブルペンにも必ず顔を出され、ピッチャーの後方に立って激励《げきれい》してくれる。

そのときも、ピッチング練習中だった。投球中は集中していて気づかなかったが、終わって後ろを振り向いた瞬間、長嶋さんの姿が目に入った。

こちらがびっくりしていると、

「いいじゃないか。今年も頑張れ」

と励《はげ》ましていただいた。そして、きちんとご挨拶《あいさつ》もできていないうちに、長嶋さんが歩み寄ってこられて、肩をポンポンと叩いてくれたのだ。

その瞬間、ブルペンにいたピッチャー全員の視線が僕に注がれた。みんなその伝説を知っているからであり、言葉は発しないものの、こちらがお声をかけていただいているあいだ、ほかのピッチャーたちは「いいなあ」と羨望《せんぼう》の眼差《まなざ》しを向けてくる。

ほかの投手たちも、さすがに「僕の肩も叩いてください」とは言えない。すると、長嶋

ジャイアンツの宮崎キャンプを訪れた長嶋茂雄さん。肩を叩《たた》かれ、その存在感に圧倒された。

さんの近くにいた原辰徳監督が他投手を紹介するように呼び寄せてくれる。呼ばれた投手は駆け足で2人のもとに行き、挨拶をする。長嶋さんも「頑張ってくれ」と言って、肩をポンポンと叩いてくれる。長嶋さんに褒《ほ》めていただいたら、大きな自信になる。肩を叩いてもらうことよりも、褒めていただいたことが好成績につながったのかもしれないが……。

キャンプのときに限らず、長嶋さんはいつも「頑張れ！」と明るく励ましてくださった。長嶋さんにお会いすると、気分も高揚してくるから不思議だ。

松井秀喜《ひでき》さんとの宝物

キャンプ訪問と言えば、同じくジャイアンツOBで、ニューヨーク・ヤンキースなどメジャーリーグでも活躍された松井秀喜《ひでき》さんにも、温かい言葉をかけてもらった。

松井さんがジャイアンツで最後にプレーしたのが2002年で、僕が入団したのが06年だから、同じユニフォームを着ていた期間はない。ただ、03年から05年のあいだは、僕がアリゾナ・ダイヤモンドバックス傘下《さんか》のルーキーリーグのチーム「ミズーラ・オスプレイ」で、松井さんはヤンキースに在籍。いちおう、同じアメリカの空気を吸っていたことになる。といっても実際は、カテゴリーのレベルが天と地ほど違うので、同じ空気なんて、とても言えたものではないのだが。

宮崎の巨人キャンプで、松井さんが最初に臨時打撃コーチを務めたのが確か14年だったと思うが、僕のほうから、まず挨拶をさせてもらった。

「山口と言います。よろしくお願いします」

「知っているよ。大丈夫？　60試合以上も毎年投げて」

松井さんが僕のことを知っていてくれたなんて、と感激した。そして、当時は13年まで6年連続60試合以上登板をしていたころだが、そういった記録のことや体のことも気にかけてもらい、本当にうれしかった。松井さんはメジャーリーグに行ってからもジャイアンツへの思い、愛情を忘れていない人だと思った。

一緒に撮らせてもらった写真（巻頭カラーの7ページ参照）は、宝物として携帯電話の中にしっかり保存してある。

移籍直前に内海さんと語り合った夜

埼玉西武にＦＡ（フリーエージェント）の人的補償で移籍した内海哲也さんとの思い出話もしておきたい。ジャイアンツと埼玉西武の両球団が移籍を発表したのは18年12月20日

だが、僕は2、3日前に、内海さん本人から電話で知らせてもらった。細かいやりとりは忘れたが、内海さんは、

「びっくりしただろう?」

と僕に問い返すなどしており、明るく、前向きにとらえていたような様子だった。

このとき、僕はすでに引退を発表していて、もうジャイアンツの選手ではなかったが、鳥肌が立ったというか、大きな衝撃を受けた。どう答えていいかわからず、

「めちゃめちゃビックリしました」

としか返せなかった。内海さんは「頑張ってくるから」とも話していた。

ジャイアンツが本当に好きだった人だが、他球団に選ばれたということを意気に感じ、もうひと旗揚《あ》げてやろうと思っているようだった。

移籍の正式な発表が終わったあとの年末、横浜市の内海さんのトレーニング先を訪ねた。会って、きちんと挨拶がしたいと思っての行動だったが、そこには内海さんが専属契約しているトレーナーさんなどもいた。

毎年、自主トレに参加させてもらってきたので、僕にとっては顔見知りの人ばかりだった。元気そうに体を動かしていた内海さんを見て、安心した。

たびたびの言い回しにはなるが、僕はジャイアンツに拾ってもらったと思っている。だ

から、ジャイアンツで現役生活を終えたいとの気持ちが強く、悔いなく、その決断ができたことに感謝している。

そして、内海さんもジャイアンツ愛の強い人だった。でも、それと同じぐらい、野球も大好きだった。だから、チームは変わっても野球を続けられることに幸せを感じて、移籍に対しても前向きな気持ちになれたのだと思う。

男気《おとこぎ》にあふれた長野の気配り

同じく人的補償で広島に移籍した、長野久義のことにも触れておきたい。年齢は僕よりも1歳年下。歳《とし》が近いせいもあって、本当に仲良くしてきた。一般論として、ピッチャーと野手陣はシーズン中の調整法や移動時間が異なることもあり、試合後のプライベートでは別行動になることが多い。でも、長野とはウマが合い、シーズン中の食事もよく一緒に出かけていた。

詳細な日時、やり取りは覚えていないが、やはり、正式な球団発表前に長野本人から電話をもらった。

「広島に行くことになりました」

こちらは驚くばかりだったが、淡々と話していたのは印象的だった。

長野はとにかく男気《おとこぎ》にあふれ、面倒見のいい人間だ。いつだったか、長野も含めて大勢で食事に行ったとき、最年長が僕だったので、当然、支払いも自分が全部出すつもりでいた。ところが、いざ、会計という場面になったら、店員さんは「もういただきました」と言う。誰にも気づかれないように、長野が支払いをすませていたのだ。翌日、「だいたいこれくらいかな」と金額を想像し、渡そうとしたら、「いやいや、大丈夫ですから」と首を横に振り、受け取らなかった。いつも年長者に払わせてばかりでは申し訳ないという、彼なりの気配りだ。

僕は現役を引退したが、ジャイアンツアカデミーで仕事をしているので、今もジャイアンツの一員だと思っている。だから、ジャイアンツにはこれからも強くあってほしい。ただ、それとは別に、ユニフォームを脱いだ立場だから言えるが、広島の試合を見ることがあれば長野を応援し、内海さんの登板を見る機会があれば埼玉西武を応援するだろう。複雑な心境だが、2人にはこれからも頑張ってほしいと思う。

もし、僕が現役だったら、内海さんとは投げ合い、長野とはピッチャーとバッターとして対戦してみたかった。グラウンドに出たら、割りきって真剣勝負。そして試合が終わったら、お互いを労《ねぎら》って食事でもしたかったと思う。

ジャイアンツで長く苦楽をともにした仲間たち、そしてジャイアンツから移籍していった戦友たちにとって、19年もその先も素晴らしいシーズンとなるよう、心から願っている。

相棒である道具へのこだわり

チームメイトというわけではないが、一緒に戦う相棒という意味では「仲間」と言ってもおかしくない存在。それが野球道具だ。僕なりの道具に対する思いも話しておきたい。

まず、グラブだが、ジャイアンツに入団して2年目くらいまでは黄色、赤などのカラフルなものがカッコいいと思って使っていたが、3、4年目ぐらいに黒いグラブを手にしてからはずっとその色を選んできた。「なぜ、黒なのか」という明確な理由はない。ただ、インテリアやプライベートでの服装も黒系のシックなものが多いことを考えると、単純に好みということなのだろう。

最近になって、グラブのカラーに関する日本野球機構の規定が変わって、紐《ひも》の色が革の部分と違っていてもOKになったが、僕がジャイアンツに入ってからしばらくは、捕球部分、背面、紐が同じ色でなければならなかった。当時から今のようなルールだったら、黒と別の色を組み合わせたパターンも試していたかもしれない。

グラブの形態については、小さくて軽めのものが好きだった。そのほうが捕球しやすい。大きくなると、投球モーションの際に遠心力で右腕が振られていくような感じもしたので、なおのこと、小ぶりなものがしっくりくる。契約メーカーは14年からアディダス。そこの担当者がキャンプ中にいくつかグラブを持ってきてくれ、実際に1個ずつ練習で試してみて、「これだ」と思ったものを使っていた。

ピッチャーも投げ終わるのと同時に、9人目の野手となる。打球の処理がうまいピッチャーは、自分自身をラクにできる。それもあり、捕球しやすい、軽量で小さめのグラブを選んでいたのだ。ただ、手入れに関しては、僕はさほど時間をかけるタイプではなかった。

対照的に、野手陣は、ものすごくグラブを大切にする。

もちろん、僕らピッチャーも大切にしていて、手入れに時間をかけている人もいる。でも、野手の面々のグラブへの気づかいに関しては、そのレベルが違う。手入れも細かく、遠征移動でバッグにしまうときも、まるで割れ物のように慎重に扱っていた。試合で雨に濡《ぬ》れてしまったときは乾《かわ》いたタオルで拭《ふ》き取り、重くなっていないかどうかを気にしながら、長い時間をかけて手入れをしている選手が多かったように思う。自分でつけた型を崩《くず》したくなかったからなのか、勇人は冷蔵庫に入れて冷やしていた。

一方で、僕はスパイクに関して、グラブと正反対のこだわりがあった。「金属歯が長くて、重たいもの」でなければダメだったのだ。

近年では、軽くて金属歯も短いスパイクを好む選手が多く、市販されているものも軽量化をアピールしている。スポーツメーカーの担当者も軽量で丈夫なスパイクを持ってきて勧めてくれるが、僕は重いほうが好み。これは僕のフィーリングだが、足が軽すぎると、投球時に着地する場所がイメージしたのと違うところに行ってしまうというか、制御がきかなくなるような感じがした。なので、無理を言って、スパイクを重いものに作り直してもらっていた。

紐はつま先から4個目あたりまで緩《ゆる》めておき、結ぶほうに近いところをきつくしていた。スパイクの紐を結ぶときに、その最後をギュッと結んで気合いを入れる選手もいたが、僕の場合はそこにこだわりはなかった。

今、子どもたちに野球を教えているが、少年野球の選手たちには、グラブ、バット、ボール、スパイクなどの道具への愛情も持ってもらいたいと思っている。道具は自分を高めてくれる大切な仲間だから。

第6章
ジャイアンツと僕のこれから
～チームと個の力～

思い出の自主トレも、ジャイアンツで受け継がれていく

最後にジャイアンツのこれからへの期待と、僕の今後についてお話ししたいと思う。

ファンフェスタで引退のご挨拶《あいさつ》をさせていただいたのが2018年11月23日。それ以降もチームメイトと連絡を取り合い、食事に出かけるなど例年と同じオフシーズンをすごしたせいか、寂《さび》しいとは思わなかった。

でも、12月なかばから1月の自主トレ期間に入ると、少しずつだが寂しさも込み上げてきた。この時期、各スポーツ紙は主力選手の自主トレの様子を報じることが多い。そんな報道を目にすると、今の自分と元同僚たちとの違い、引退したことを改めて実感する。もちろん、子どもに野球を教えるジャイアンツアカデミーでの仕事は楽しく、未練はないが、仲間たちと一緒ではないことに寂しさも感じた。

「この時期だと、去年は宮崎にいたんだなあ……」

ふと、キャンプ地である宮崎に先乗りし、内海哲也さんの自主トレに加えていただいた18年のことを思い出したりもした。

そこで、ジャイアンツの選手たちの19年シーズンにかける意気込みが少しでも伝わるよ

う、僕の経験してきたジャイアンツの自主トレとはどんなものだったのか、詳しくお話ししよう。

今は埼玉西武の一員となっている内海さんたちとグアムや沖縄など暖かいところで自主トレを行うのが、何年間もの恒例となっていた。内海イズムにそった自主トレのスタイルはジャイアンツに根付いており、今後も引き継がれていくと思っている。僕が現役だったころの自主トレを振り返ってみたい。

自主トレの朝は早い。7時から7時半に朝食を摂《と》り、いったんホテルの部屋に戻る。そこから支度を整え、みんなでグラウンドに移動する。内海さんのもとに集まった自主トレだから、参加メンバーはピッチャーばかり。

練習開始は9時ごろで、まず、ウエイトトレーニングを行って、アップ運動、体操、補強トレーニングなどに取り組む。それから、キャッチボール、ランニング、ノックといったボールを使った練習を始め、もっと投げ込みたいと思う者は投球練習へ、下半身強化を図りたい者は走り込みなどを行う。全体でやる練習と個々でこなす練習があるが、全員にそれぞれの練習メニューが設定されているので、それを各自で1つひとつこなしていく形になっていた。

そのメニューは、内海さんと、内海さんと個人契約を交《か》わしているトレーナーさんが提案してくださったもの。体力強化メニューとなると、やることは同じなのだが、若い選手とベテランでボリュームが違ってくる。例えば30歳を過ぎた内海さんや僕が20本だとしたら、まだ伸びしろのある20代の選手は30本以上をこなすといった感じだ。その反対に、年齢を重ねたからこそ、もっと厳しくやらなければならないメニュー項目もあり、走る距離がベテランのほうが多くなっていることもある。

内海さんの自主トレはだいたい、4、5人のグループになる。僕の現役最終年の18年は谷岡竜平《たにおかたっぺい》らもいて、かつては今村信貴《のぶたか》が参加したこともあった。若い投手のほうから参加を申し出てくるケースが多いが、内海さんから「1人でやるんだったら、一緒にどうだ?」と誘うこともある。内海さんは若手に対し、常にウェルカムの姿勢。受け入れた若手、自分から声をかけた若手には、とくに目をかけていると言ってもいい。

そんな彼らに対し、ちょっとだけ先輩面《づら》をさせてもらうと、「もったいない、物足りないなあ……」と思うときがあった。

それは、若手のピッチャーたちが「受け身」なこと。せっかく、内海さんが自主トレに連れてきてくれたのに、なにも質問しないのだ。確かに、参加メンバーの練習熱心な姿を見るだけでも、勉強にはなる。でも、野球の技術的なことや投球テクニックについて、もっと貪欲《どんよく》になってほしい。内海さんは150キロを超す剛速球でグイグイと押していくタ

チームメイトと、毎年行った自主トレ。内海哲也さんには、公私ともに本当にお世話になった。

イプではない。ボールのキレ、コントロール、配球テクニックを駆使し、18年シーズンまでに通算133勝をあげた実力者だ。

若い彼らは内海さんよりも速いボールを投げる力がある。そこに、内海さんからテクニックを聞き出して少しでもプラスできれば、もっと活躍できるのに、と思ってしまう。

話しかける勇気があれば、未来が変わる

内海さんは質問すれば、なんでも教えてくださる先輩だった。いや、内海さんに限らず、ジャイアンツの先輩たちは、自主トレでも、キャンプでも、シーズン中でも、アドバイスを求めれば答えてくれる人ばかりだ。

とはいっても、第一線で活躍する大先輩に話しかけるのには勇気がいる。それでも、たった一度、「ちょっといいですか?」と思いきって話しかければ、次からは気軽にいろいろなことが質問できるようになるのだが、そのきっかけが見つけられないのだろう。気持ちはわかる。でも、先輩に質問するかしないか、その勇気があるかどうかで、野球に関する視野は大きく変わってくるのだ。

僕は、アップ運動やクールダウンでの軽いランニング中、たまたま内海さんと横並びに

なったときに話しかけたりしていた。軽く走っているから、しゃべりながらでも負担にならない。以来、かしこまらなくても普段どおりの言葉で質問できるようになった。

「スライダー、どうやって握っていますか？」

そう聞けば、内海さんは、

「俺はこんなふうに握っているけど」

と、実際にボールを使って見せてくれる。そこから話が弾《はず》み、ボールをリリースするときにひねるのか、それとも、真《ま》っ直《す》ぐを投げるような腕の振りで「切る」イメージで放《ほう》るのかなど、技術的なコツも教えてくれた。あとは自分で実際に試してみて、うまくできた部分とそうでない部分を、また内海さんにぶつけてみる。そうすると今度は、力加減や指先の感覚など深い部分に話が発展していく。ピッチャーを続けていくうえで、本当に参考になった。

変化球とは不思議なもので、同じ球種でも投げる人が違えば、同じ速度、同じ軌道になることはない。自分に合ったスタイル、適した投げ方を見つけ、それが独自の持ち球になっていくのだが、その過程で先輩にアドバイスをもらうのとそうでないのとでは、ゴールにたどり着くまでの時間が違う。

また、いろいろと質問することで、マウンドでの心構えやメンタル面でのアドバイスももらえる。自主トレはだいだい2週間くらい。そのあいだ、生活をともにすることもあって、信頼関係も生まれ、友情のようなものも芽生える。厳しい中でも楽しく、明るく練習ができるものだ。せっかくのチャンスなのだから、若手にはかしこまっていないで、貪欲にいろいろなことを質問してもらいたいと思う。それが未来へ飛躍する第一歩となる可能性だってあるのだから。

自分の力をチームのために。チームの力も自分に生きる

練習はオフの自主トレ期間やキャンプ中だけではない。シーズン中も練習は必須だ。つまり、先輩に助言を仰《あお》ぐチャンスはシーズン中にもあるということ。

試合開始前、全体練習を行う。ウォーミングアップ程度のもので、それはどのチームも同じだ。若いころの僕は、そのウォーミングアップが始まる30分前に球場入りしていた。でも、内海さんは何時間も前に球場入りし、とことんまで練習をする。

軽い気持ちで、

「今度、自分も一緒にやらせてください」

と言ったら、もうやめられなくなってしまった。快感になってしまったからだ。

やはり、体を追い込んだほうが、気持ちがいい。「ラクをしたら、体が退化してしまう」と僕が思うようになったのも、内海さんの影響だ。

「今の練習、なんですか？」

と、先輩たちが変わった練習をしていたり、技術的にうまくいかなかったりしたとき、いろいろと質問をしていた。先輩たちに学んで、そこに自分自身の経験を重ね合わせ、オリジナルというものができていくのだと思う。

僕は育成選手という最底辺からプロ野球人生をスタートさせた。まわりはすべて僕よりもレベルの高い人たちだったので、わからないことを素直に聞いたほうがいいと考えてきた。仮に鳴り物入りのドラフト1位でこの世界に入っていたら、変なプライドを出してしまい、素直に助言を仰ぐこともできなかったかもしれない。幸い僕はいろんな人に話をうかがうことで、自身をレベルアップさせることができた。

各選手が1割実力を上げることができれば、チーム力はとてつもなく跳《は》ね上がる。これは、プロ野球界に限らず、一般社会にとっても当てはまることだと思う。個人の集団が組織であるから、自分を高めることは組織のためにもなる。そして、組織が強くなったことの恩恵は、様々な形で個人に返ってくる。経済面、環境面などが満たされるようになり、個人のステイタスやモチベーションも上がる。そうした相乗効果や正のスパイラルも期待されるので、個人のレベルアップは必須なのだ。

僕は、拾われるような形でジャイアンツに入団し、夢だったプロ野球選手になることができた。恩に報いようと、ひたすらジャイアンツのために、数年間にわたって多くの試合を投げ抜いてきた。

でも、もちろん、卑屈《ひくつ》に従属してプロ野球人生をすごしてきたわけではない。ある程度キャリアを積んでからは、アドバイスを聞く耳は重要だとはいえ、個人の考えを失ってただ上から言われるままに動いていては、かえってチームのためにならないと思ってプレーしてきた。

自分のレベルアップには、自分自身の信念も必要。そうして僕はなんとか実力を上げていくことができた。それが、ジャイアンツの力にもなっていったと信じている。

レジェンドに投じた経験を財産に

19年シーズンの楽しみとして、飛躍が期待できそうな若手の名前も挙げておきたい。今でもジャイアンツの仲間たちとはメールやラインを使って連絡を取り合っているが、自主トレ期間中からよく名前が出ていたのは、今村信貴だ。

「今年の今村はヤバいよ！」

そう称賛する声が各方面から聞かれた。

19年1月、内海さんがジャイアンツ時代と同様に奄美《あまみ》大島で自主トレを行い、それに今村、大江竜聖《おおえりゅうせい》らの若手投手も参加していた。

チームの裏方さんもお手伝いで参加されていたが、彼らからも今村の名前は出ていた。18年シーズン、6勝をあげ、自信もついたのだろう。開幕前の19年3月17日、シアトル・マリナーズとのプレシーズンマッチに先発し、5イニングを投げ、1失点に抑える好投を見せている。

メジャーリーガー、そして、あのイチローさんを相手に投げた経験は大きな糧《かて》となるはず。シーズン中にもピンチで強打者と対戦したとき、自分を鼓舞《こぶ》するなどの好材料として発揮されるに違いない。

大江も、18年秋の日米野球で好投している。聞けば、1月の内海さんとの自主トレは大江のほうから参加を申し出たそうだ。内に秘めた強い思いがあるのだろう。

ファンの方々には是非とも熱い声援を送っていただき、彼ら若手選手を盛り立て育ててやってほしいと思っている。

ジャイアンツをまとめるということ

ジャイアンツのこれからを語るうえでやはり、欠かせないのが阿部慎之助さんだ。ジャイアンツは、2月のキャンプイン直前の1月28日から宮崎市のKIRISHIMAヤマザクラ宮崎県総合運動公園で一軍合同自主トレを行った。外国人選手を除く29人の一軍メンバーが集まり、その中には新加入の岩隈久志さん、中島宏之さん、丸佳浩、炭谷銀仁朗《すみたにぎんじろう》らも参加していた。

新しいスタートを切るうえでも、選手が自主的に集まり、ともに汗を流すのは良いことだと思う。新加入の選手も、早くチームに馴染《なじ》める。内海さんや野手陣のリーダー的存在でもあった長野久義が移籍し、若い選手にも多少の動揺はあったと思う。

そんなチームを1つにまとめ上げたのは、やはり阿部さんだ。ほかの年長・中堅選手たちも後輩の面倒を見ていたが、存在感という意味では圧倒的に阿部さんと言っていいだろう。

阿部さんは自分の練習以外でも精力的な動きをされていた。ブルペンに行き、ピッチャーたちの様子を見て、打撃練習をするグループのところにも足を運んでいた。打撃ケージのすぐ近くに陣取り、ジッと選手を見ている。新加入の丸にも話しかけ、打撃談義も交《か》わしていた。

ジャイアンツの選手は、誰もが阿部さんを慕《した》い、尊敬もしている。

僕もその1人で、39ページでも触れたように、阿部さんのキャッチャー再コンバートが決まったのを知ったときは、

「あと1年やりたかった。もう一度、阿部さんにボールを受けてほしかった」

と、悔やんだほどだ。

やはり、強い時代のジャイアンツを支え、キャッチャーとして、ピッチャーも含め守っている選手全員を見渡し、指示を出してきた阿部さんが再びそのポジションに戻ったことで、18年末から19年初頭にかけたオフの自主トレ期間から、チーム全体が勇気づけられていた。一塁手に専念していた時代も、時々ブルペンにやってきて、僕らに「今のボール、良かったよ」「こうしたほうがいいぞ」とアドバイスを送ってくれた。常にチームのことを考えている阿部さんは、絶対にジャイアンツに必要な人なのだ。

「キャッチャー・阿部さん」について言えば、ケガさえなければ、マスクをかぶってもらえることは大きなプラスになる。

ピッチャーも「阿部さんのリードなら大丈夫」と安心して投げられ、炭谷や若い小林誠司、大城卓三《おおしろたくみ》らほかのキャッチャー陣の発奮材料にもなるはずだ。

優勝に最も飢《う》えているチームリーダー

また、19年のペナントレースに強い決意を持って臨んでいるのが坂本勇人だ。

勇人は、明るく、社交家で、誰からも好かれている頼もしいキャプテンだ。阿部さんから託《たく》された「チームのまとめ役」としての自覚も、年月を重ねるごとに強くなっていて、マウンドにいるピッチャーにもよく声をかけてくれた。僕もそれに救われた1人だ。

勇人とは忘れられない思い出もある。僕が登板のたびに緊張し、マウンドで内野陣に励《はげ》まされている話は、前にも披露した。勇人は、僕がマウンドに上がると、必ず笑顔で近づいてきて、冗談を言ったりもする。

いつだったか、彼が「頑張って」の意味で、軽く手の甲で僕の胸を叩《たた》いてくれた。そのとき、好投できたので、

「パンチして」

と、僕が験担《げんかつ》ぎのように、彼にリクエストすることもあった。そうすると、ニヤッと笑って、グラブで僕の胸のあたりを叩き、守備位置に戻っていく。

そんな彼がチームのキャプテンに就任して以来、優勝から遠ざかっている。いちばん悔

長野久義が移籍した中、リーダーとして坂本勇人がチームをいっそう引っ張ってくれるだろう。

しい思いをしているのが勇人本人だろう。「今年こそは」の思いは誰よりも強く、これまで以上にリーダーシップを発揮して、チームを牽引《けんいん》してくれるはずだ。

「プロ入りはゴールではない」——ジャイアンツの三軍選手へ向けて

ジャイアンツのこれからを語るうえで、二軍や、おもに育成選手でチームを形成している三軍のことにも触れておきたい。自分が育成選手からのスタートだったため、薄給《はっきゅう》で3ケタの背番号をつけて頑張っている彼らに、どうしても目が行ってしまう。

僕が育成選手だった時代、ジャイアンツには三軍という組織はなかった。三軍について簡単に説明すると、文字どおり、二軍の下の組織で、発足したのは16年から。それまで、3ケタの背番号をつけた育成枠選手は、二軍選手と一緒にイースタン・リーグの試合に出場していた。

でも、人数の関係もあって、そのイースタン・リーグの試合にも出られない二軍選手、育成選手も多くいる。そういった選手たちの実戦経験を増やすため、また、育成選手をもっとたくさん育てていくために、三軍を組織して、独立リーグ、社会人、大学のチームと試合をしているのだ。また、故障した選手のリハビリ機関にもなっている。

福岡ソフトバンク、広島も三軍制をとっているが、シーズンを通して独立リーグなどと試合を組んでいるのは、福岡ソフトバンクとジャイアンツだけだ。

いつか支配下登録を勝ち取って、プロ野球選手として一軍の試合にも出て……。そんな夢と目標を持って、三軍の育成選手たちも頑張っている。育成選手から一軍選手に成長できた僕から言わせてもらうと、二軍選手と同じ練習をし、イースタン・リーグの試合にも出場していたことで自分を高めることができた。僕が育成選手だった時代、試合出場だけではなく、グラウンドやウエイトトレーニングルームなどの練習施設も同じように使わせてもらえた。現三軍も施設の面で差別はされていない。

でも、独立リーグや、社会人、大学生のアマチュアチームが相手では、二軍のイースタン・リーグのチームと比べて、レベルに差がある。ファームとはいえ、二軍選手も選ばれたプロ野球選手たちだからだ。「はじめに」でも触れたが、

「育成選手が支配下登録を勝ち取るには、どうすればいいんですか？」

といった質問をスポーツメディアから、育成選手から一軍のピッチャーに上がってきた経験者として、何度も受けてきた。でも、「これをやればいい」というマニュアルはない。三軍制が導入された今、僕が育成選手だった時代とは状況も異なる。それでもあえて助言を送るとすれば、まずは、一軍クラスではないにせよ、プロ野球のレベルにはある二軍の

試合に出してもらえるよう、地力強化を目指してもらいたい。アマチュアのチームよりも強く、選手個々のレベルも高いファームの試合に出たほうが、自分のスキルアップにつながるはずだ。

そのためには、自分で努力して道を切り開くこと。三軍と二軍のあいだにある「壁」、そして、二軍と一軍のあいだにも「壁」がある。それを崩《くず》していくしかない。背番号は3ケタでも、一軍と同じジャイアンツのユニフォームを着ている。育成契約の選手たちも、どこか秀《ひい》でたところがあるから、育成ドラフトで指名されたのだ。プロ野球のスピード、パワーにはまだ追いつけないかもしれないが、将来性があると見込まれたから、この世界に引き入れられたとも言える。

でも、プロ野球のユニフォームを着て、そこで満足してしまったら、おしまいだ。第3章でお話ししたように、僕は小谷正勝コーチから「ほかの人よりももっと練習して、いちばん最後に帰りなさい」と教えられた。それを肝《きも》に銘《めい》じ、僕なりに頑張ったつもりでいる。プロ野球の世界はユニフォームを着たところがゴールではなく、スタートなのだ。何度も言うように、ジャイアンツには惜しみなくアドバイスをしてくれる一流の先輩たちがいる。「一流選手を見て、チャンスがあれば臆《おく》せず聞くこと」。そうすれば、必ず成長できるだろう。多くの育成選手たちの活躍を、心から願っている。

アカデミーでの心地《ここち》よい疲れ

僕自身の近況についても、お知らせしたいと思う。第1章でも少し触れたが、現役を引退してからは、小学生以下が対象の野球教室「ジャイアンツアカデミー」のコーチをさせていただいている。

こうした仕事を引き受けたのは、引退会見を行った18年10月5日くらいの時期だったと記憶しているが、ジャイアンツのほうから打診があった。

僕は9月のファーム戦の遠征中に左肩の痛みが再発し、引退を決意したわけだが、「次の仕事」についてはまったく考えていなかった。

会見で、長野久義にけしかけられた記者から、「ズバリ、政界進出は?」といったイジリ的な質問も受けたが、もちろんその場で全面否定。できることなら、野球に関係した仕事につきたいと思っていた。

アカデミーのお話をいただいたときは、いったん、「考えさせてください」と答えたが、気持ちのうえでは決まっていた。やはり、引退してからも野球、そしてジャイアンツに関われると思うと、本当にうれしかった。

ジャイアンツに正式に返事をする前に、アカデミーのコーチを18年の1年間経験して、19年からファームの指導者に転じた藤村大介守備・走塁コーチに、子どもたちを教えてみてどうだったかを尋《たず》ねると、次のような答えが返ってきた。

「本当に勉強になりますよ」

実際にやってみると、その言葉のとおりだった。

それと同時に、とにかく「大変」のひと言とも表現できる。でも、心地《ここち》よい疲労感でいっぱいになるのも事実だ。

そもそも、ジャイアンツアカデミーとは、野球を通じて子どもたちの健全育成、そして野球人口のすそ野拡大を目的としている。幼児から小学6年生まで、初心者でも無理なく楽しく、練習ができる教室であって、より高いレベルを目指した技術指導も行っている。

活動はチームごとに分かれていて、その振り分けは幼児の年中・年長担当、1、2年生担当、3、4年生担当、5・6年生担当となっている。コーチ1年生の僕は、それらを教えるスタッフの補助役をさせてもらっている。

「はーい、今日はこんなことをやります」

そんなふうに担当コーチが全体の指揮をとり、例えばバッティングをする場合、僕は子どもたちにボールを投げてあげる役目を担《にな》う。気づいたことがあれば直接声をかけることもあるが、担当しているクラスは小さな子どもたちばかりなので、専門的な話にはならない。

これは、ジャイアンツアカデミーで僕自身が感じたことだが、「教える」ことは、本当に難しいと思った。

「怒っていいのかなあ……」

コーチになって最初のころ、驚いてしまったこともあった。例えば、コーチの誰かが話をしているとき、幼児や低学年の子どもたちはよそ見やおしゃべりを始めてしまう。学校の部活動で先輩後輩の関係を経験し、ジャイアンツでも先輩選手には敬語で会話してきた者にとって、どう対処すればいいのかわからなかった。

また、子どもはじゃれ合っているのか、ケンカしているのかわからないときもある。よその子なのに叱《しか》っていいのか迷ったりもする。

ほかのコーチから、

「相手は子どもなんだから、長くしゃべっちゃダメ。短く、簡単に、3つくらいに分けて伝えないと」

と、アドバイスも受けた。

確かに、大人でも一度にたくさんのことを言われたらわからなくなってしまう。「いかにわかりやすく伝えるか」を考えなければならない。

技術的な指導をする場合でも、相手にプロか、高校・大学、社会人チームなどの高いレベルで野球をやってきた下地があれば、「股関節《こかんせつ》に体重を乗せて」と表現したとしても伝わるが、まだ小さな子どもたちには通用しない。子どもたちに伝えるにはどうすればいいのか、ジャイアンツアカデミーにはそうしたわかりやすい指導ノウハウがあり、それを実際に体験しながら勉強させてもらっている。

相手の目を見て、しっかり、ゆっくりと、簡潔に話をする。野球の高度な専門用語は絶対に使わない。そう心がけるようになった。

また、僕自身にも就学前の子どもがいる。その子どもと一緒にテレビを見ているうちに覚えた曲があるので、子どもたちが歌っている歌や、テレビ番組で流れた歌を歌うと、

「えっ？　どうして知ってるの⁉」

と、興味を示してくれる。子どもの目線に立って語ることの大切さを学んだ。

アカデミーでは大変なこともあるが、活発で、明るい子どもたちに触れていると、毎日が楽しくて仕方がない。飲み込みの早い子もいれば、ゆっくり、着実に覚えていく子もいる。低年齢のクラスの最大の目的は、野球を好きになってもらうこと、そして、さらに興味を持ってもらうことだ。野球を好きになってくれたら、今度はどうやったらもっとうまくなれるのかと考えてくれるはずだ。

ジャイアンツアカデミーの子どもたちを見ると、楽しく野球をやっていた少年時代を思い出す。

「朝活」で広がる近未来への可能性

アカデミー以外の日常についてお話しすると、午前中は電車に揺られて一般のビジネスマンと同じ時間帯に東京・大手町のジャイアンツの球団事務所へ出社している。今まで野球しかやってこなかったので、「朝活」も始めた。

朝活とは、「朝の活動」を略して、10年ほど前からビジネスマンのあいだで使われるようになった造語だ。始業開始までの時間を利用して勉強や趣味に充《あ》てることなのだが、朝のほうが夜よりも頭が冴《さ》えると聞いたので、僕も挑戦してみようと思った。

今、パソコンと英会話の勉強をしている。上達したかどうかはわからないが、商業科の高校を卒業しているので、当時はブラインドタッチまではできていた。でも、完全に忘れてしまっていたので、パソコン教室にも通い、エクセルやワードの使い方を学んでいるのだ。

お恥ずかしい限りだが、企画書などの業務書類を作成する際、右上に日付、左上に相手の送り先を書くという、基本的なことも初めて学んだ。挨拶文《あいさつぶん》にしても、今まではいただくだけで、「どうやって書いているのかな」と疑問に思っていた。時候《じこう》の挨拶文なんて、絶対に書けないと思っていた。

でも、そういった定型文がパソコンに搭載《とうさい》されたワードソフトに入っていることを知り、ゆっくりだが、書類作成もできるようになってきた。

今後、もしかしたら事務的な仕事を任されることもあるかもしれない。社会人として「できません、わかりません」では通用しないので、まわりに迷惑をかけないようにしておきたいと思っている。

英会話教室にも、週2回ほどだが通うことにした。第2章などでお話ししたように、メジャーリーグのアリゾナ・ダイヤモンドバックス傘下《さんか》のルーキーリーグのチームに在籍したことがあるので、（スコット・）マシソンら外国人選手たちとも、少しだけだが英語で会話をすることができていた。このへんは、98、214ページでもお話ししたとおりだ。

でも、わからない単語のほうが多い状態なので、もう一度勉強し直せば、のちのち、仕事の幅も広がるのではないかと思って教室に通っている。また、英語をしゃべれるようになれば、交友範囲も広がるかもしれない。

パソコン、英会話の朝活は、ノルマとして課したのではない。事務的な業務をつらいと思いたくないということもあるし、習得したあと、今までと違う世界が広がると考えて始めたのだ。

「誰よりも練習しなさい」と指導された育成選手時代のことを思い出すと、野球も仕事も変わらないのではないだろうか。

習得したあとの楽しみを考えて、ほかの人よりも少し頑張れば、新しい世界が広がってくる。だから、僕は今も充実した日々を送っている。「ほんの少し頑張れば」の発想は、若いビジネスマンの方々にも参考にしていただけたら幸いだ。

いっぱい頑張ることもときには必要だが、なかなか続くものではない。「ほんの少し」を継続してやるほうが身につくこともある。

ジャイアンツが教えてくれた「夢をつなぐ力」

最後に、僕個人の将来の夢をお伝えしたい。

もしチャンスがあるのならば、またジャイアンツのユニフォームを着て、東京ドームでファンの皆様にお会いしたいと思っている。それが、いつになるかはわからないが、ユニフォームが似合う体形を維持できるよう、スポーツジムにも通っている。

野球には夢がある。ジャイアンツには、常に優勝、日本一という高い次元の結果が求められているが、その共通の目標に向かってともに戦う素晴らしさがある。

それだけではない。現役を退《しりぞ》いても、選手を育てる夢がある。その選手が東京ドームで活躍するところを見た子どもたちが、「野球って、すごいなあ。面白そうだなあ」と興味を持ってくれるかもしれない。

そうなれば、また、野球場に行きたいと思ってくれるだろう。その感動を機に、本格的に野球を始める子どももいるはずだ。プロ野球の世界を目指す者も出るだろう。

コーチが選手を育て、その選手が子どもたちに夢を与え、その子どもたちが野球を始める。僕は子どもたちに野球の楽しさを伝える仕事を担っている。

野球には、そうした夢をつないでいく力がある。

ジャイアンツは、野球が持つ夢の力を教えてくれた。

野球から広がる夢、愛、友情。素晴らしい仲間たちとそれらを共有した時間があったからこそ、僕はどんなにつらいときでも、弱気の虫が頭をもたげようとも、投げ続けることができたのだ。

ただジャイアンツのために――。

おわりに

大のジャイアンツファンである父親の影響で、物心のついたころからテレビの野球中継を見てきた。子どものころにいだいていたジャイアンツというプロ野球チームのイメージは、52ページでもお話ししたように、はるか遠い存在の「スーパースター集団」だった。

ジャイアンツで活躍している選手はドラフト1位で指名されたスター、もっと言うと、プロ入り前から高校野球、甲子園などでアイドル的に有名だった人たちばかりで、他チームの看板選手も移籍したくなるような憧《あこが》れの球団。自分とは違う世界の人たちのチームだと思っていた。そんなジャイアンツに育成枠で入団が決まったとき、「超の付く一流選手ばかりの中に入って、なんの経歴もない自分がやっていけるのだろうか」と不安になった。

ところが、実際に入ってみて感じるジャイアンツは、子どものころにいだいた印象とは少し違っていた。下位指名で入団した選手はもちろん、ドラフト1位選手も必死に努力し、汗を流している泥臭《どろくさ》いチームだった。同時に、ポジションを争うライバル関係でもなにか気がつくことがあればアドバイスを送り、「結果で勝負しよう」とお互いを思いやる優しさ、温かさ、潔《いさぎよ》さもあった。

また、監督やコーチのみなさんにも、僕のような育成枠の選手を一軍戦力に育て上げてみせるという熱意があった。育成枠をあらわす3ケタの「102」という背番号だった時代、コーチの方々は、それこそ陽《ひ》が落ちて暗くなっても練習の相手をしてくださり、僕らの居残りのトレーニングがすべて終了するのを見届けてから、球場の鍵をかけて帰宅されるといった毎日だった。

チームメイトも、先輩後輩問わず気兼ねなく話のできる仲間ばかりで、僕はジャイアンツに入団してから、このチームが本当に好きになった。こんな素晴らしい集団の一員であり続けたいという思いで、ずっと投げてきた。ほんのちょっとでも恩返しができただろうか。

人それぞれ幸せの形が違うように、なにをもって充実したプロ野球人生を送れたかも違ってくる。でも、僕はジャイアンツひと筋でプロ野球人生を全《まっと》うできたことを、いちばんの幸せだと思っている。球団旗をバックに、引退の報告とファンへのお礼を伝えさせていただいた。その会見にはサプライズで多くの仲間が駆けつけてくれ、これ以上ない野球人生を送れたことも再認識できた。ジャイアンツとチームメイトや関係者の皆様にはいくら感謝してもしきれない思いだ。そして、最後になるが、出版の機会をいただいた廣済堂出版の関係者の方々にもお礼を申し上げたい。

2019年5月　山口鉄也

※太字はリーグ最高、カッコ内は故意四球（敬遠）、勝利は2010年の先発勝利1のほかはすべて救援勝利、
HPはホールドポイント（=ホールド+救援勝利）

打者	被安打	被本塁打	奪三振	与四球	与死球	暴投	ボーク	失点	自責点	防御率
114	24	2	21	15(2)	2	3	1	14	11	3.91
293	61	3	69	12(1)	3	4	0	20	19	2.32
292	53	1	62	14(1)	5	3	0	12	11	1.27
364	80	10	85	16(1)	8	6	0	33	30	3.05
239	45	2	38	16	3	4	0	12	12	1.75
277	47	1	68	7(2)	3	2	0	7	7	0.84
262	47	1	55	17(2)	2	3	0	12	9	1.22
246	61	1	42	20(3)	6	1	1	19	19	3.04
216	48	5	31	15	2	2	0	18	16	2.73
204	48	6	28	12	2	1	0	30	26	4.88
62	14	1	10	8	0	0	0	6	6	4.05
2569	528	33	509	152(12)	36	29	2	183	166	2.34

タイトル

- **最優秀中継ぎ投手賞**：3回（2009年、2012年、2013年）

表彰

- **新人王**（2008年）
- **日本プロスポーツ大賞新人賞**（2008年）
- **東京ドームMVP特別賞**：2回（2008年、2012年）
- **月間MVP**：1回（2012年7月）
- **セ・リーグ連盟特別表彰**（功労賞／2018年）

背番号

102（2006～2007年4月22日）
99（2007年4月23日～同年終了時）
47（2008～2018年）

47

TETSUYA YAMAGUCHI

巻末付録 山口鉄也 年度別成績&主要記録ほか

年度別投手成績（一軍）

年度	チーム	試合数	勝利	敗戦	セーブ	ホールド	HP	勝率	先発数	交代完了	投球回数
2007	巨人	32	2	0	0	2	4	1.000	0	9	25 1/3
2008	巨人	67	11	2	2	23	34	.846	0	10	73 2/3
2009	巨人	73	9	1	4	**35**	**44**	.900	0	11	78
2010	巨人	73	8	3	5	20	27	.727	2	19	88 2/3
2011	巨人	60	5	1	2	25	30	.833	0	13	61 2/3
2012	巨人	**72**	3	2	5	**44**	**47**	.600	0	15	75 1/3
2013	巨人	64	4	3	6	38	**42**	.571	0	9	66 2/3
2014	巨人	60	4	3	2	35	39	.571	0	10	56 1/3
2015	巨人	60	4	5	2	29	33	.444	0	7	52 2/3
2016	巨人	63	1	6	1	19	20	.143	0	8	48
2017	巨人	18	1	1	0	3	4	.500	0	7	13 1/3
通算		642	52	27	29	273	324	.658	2	118	639 2/3

主な個人記録

- **初登板**　2007年4月29日、対東京ヤクルト5回戦（神宮球場）、8回裏に3番手で救援登板·完了、1回を無失点
- **初勝利**　2007年5月9日、対阪神8回戦（甲子園球場）、8回裏に4番手で救援登板、1回を無失点
- **初奪三振**　同上、8回裏に鳥谷敬《たかし》から
- **初ホールド**　2007年8月29日、対東京ヤクルト20回戦（札幌ドーム）、8回表に2番手で救援登板、⅓回を無失点
- **初セーブ**　2008年4月22日、対横浜3回戦（宇都宮清原球場）、8回表に3番手で救援登板·完了、1回⅓を無失点
- **初先発**　2010年4月3日、対広島2回戦（MAZDA Zoom-Zoomスタジアム広島）、3回⅓を4失点
- **初先発勝利**　2010年4月10日、対中日2回戦（東京ドーム）、7回⅔を3失点

- **オールスターゲーム出場**：5回（2009年、2012～2015年）
- **WBC（ワールド・ベースボール・クラシック）日本代表**：2回（2009年、2013年）
- **9年連続60試合登板**（2008～2016年）　※日本プロ野球記録

［著者プロフィール］

山口鉄也　Tetsuya Yamaguchi

1983年11月11日生まれ、神奈川県横浜市出身。横浜商業高校－ミズーラ・オスプレイ（米アリゾナ・ダイヤモンドバックス傘下《さんか》ルーキーリーグ）－巨人（2006～18）。小学1年から野球を始める。横浜商高3年夏に神奈川県大会ベスト8。卒業後、ダイヤモンドバックスの入団テストに合格し、マイナー契約。帰国後の05年、巨人の入団テストに合格し、育成選手ドラフト1巡目指名で入団。07年4月23日に支配下登録。同年5月9日対阪神戦で、育成出身選手初の勝利投手となる。08年、開幕一軍入りを果たすと、中継ぎとして67試合に登板し、チームの連覇に貢献。育成出身として初の新人王を受賞した。08年から16年まで9年連続60試合登板という日本プロ野球記録を打ち立て、そのあいだの09年には球団記録を更新する73試合に登板し、最優秀中継ぎ投手のタイトルを獲得（12、13年にも受賞）。14年に記録した史上初の通算200ホールドは、これをきっかけに連盟表彰されることとなった。肩のケガなどもあり、18年シーズンをもって、惜しまれつつ引退。セ・リーグから連盟特別表彰として、功労賞が贈られた。通算成績は、642試合登板、52勝27敗29セーブ273ホールド（歴代2位）。著書に、『山口鉄也メッセージBOOK－鋼《はがね》の心－』（廣済堂出版）がある。19年からは、ジャイアンツアカデミーのコーチとして、新たな一歩を踏み出している。

MASTERS METHOD

ただジャイアンツのために

非エリートからの栄光&チーム論・8回の抑え方

2019年6月15日　第1版第1刷

著者	山口鉄也
協力	株式会社 読売巨人軍
企画・プロデュース	寺崎江月(株式会社 no.1)
構成	美山和也
構成協力	鷲崎文彦
撮影	石川耕三(私服写真など)
写真提供	山口鉄也　産経新聞社　スポーツニッポン新聞社　今井隼人
写真使用協力	松井秀喜ベースボールミュージアム
装丁・本文デザイン	二宮貴子(jam succa)
デザイン協力	南千賀
DTP	株式会社 三協美術
編集協力	長岡伸治(株式会社 プリンシパル)　矢島規男　根本明　松本恵
編集	岩崎隆宏(廣済堂出版)
発行者	後藤高志
発行所	株式会社 廣済堂出版 〒101-0052 東京都千代田区神田小川町2-3-13 M&Cビル7F 電 話　編集 03-6703-0964／販売 03-6703-0962 FAX　販売 03-6703-0963 振 替　00180-0-164137 URL　http://www.kosaido-pub.co.jp
印刷所・製本所	株式会社 廣済堂

ISBN978-4-331-52231-8　C0075

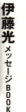

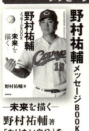

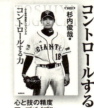

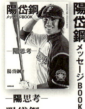

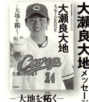

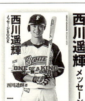

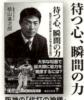

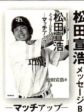